气象为新农村建设服务系列丛书

漫话节气民俗与气象

李 德 编著

气象出版社

图书在版编目(CIP)数据

漫话节气民俗与气象/李德编著.—北京:气象出版社,2008.1 (2010.7重印)

(气象为新农村建设服务系列丛书)

ISBN 978-7-5029-4372-1

Ⅰ.漫… Ⅱ.李… Ⅲ.二十四节气-关系-风俗习惯-中国 Ⅳ.S162 K892.18

中国版本图书馆 CIP 数据核字(2007)第 152808 号

出版发行:	气象出版社
地　　址:	北京市海淀区中关村南大街 46 号
邮政编码:	100081
网　　址:	http://cmp.cma.gov.cn
E-mail:	qxcbs@263.net
电　　话:	总编室 010-68407112,发行部 010-68409198
总 策 划:	刘燕辉　陈云峰
策划编辑:	崔晓军　王元庆
责任编辑:	崔晓军
终　　审:	纪乃晋
封面设计:	郑翠婷
责任技编:	刘祥玉
责任校对:	时　人
印 刷 者:	北京奥鑫印刷厂
开　　本:	787 mm×1 092 mm　1/32
印　　张:	2.5
字　　数:	56 千字
版　　次:	2008 年 1 月第 1 版
印　　次:	2010 年 7 月第 4 次印刷
印　　数:	13 801~23 800
定　　价:	5.00 元

本书如存在文字不清、漏印以及缺页、倒页、脱页等,请与本社发行部联系调换

《气象为新农村建设服务系列丛书》

编 委 会

主　编：刘燕辉

副主编：陈云峰

编委（以姓氏笔画为序）：

　　王元庆　李茂松　陆均天

　　郑大玮　郭彩丽　崔晓军

序

我国是一个农业大国,农村经济和人口都占有相当大的比例,没有农村经济社会的发展,就没有整个经济社会的发展,没有农村的和谐,就难以实现整个社会的和谐。党的十六届五中全会提出了建设社会主义新农村的战略部署,这是光荣而又艰巨的重大历史任务,成为全党全国人民的共同目标。农业安天下,气象保农业。新中国气象事业始终坚持为农业服务,几代气象工作者为我国农业生产和农业发展努力做好气象保障服务,取得了显著的成绩,得到了党中央、国务院的充分肯定,得到了广大农民的广泛赞誉。建设社会主义新农村对气象工作提出了新的更高的要求,《中共中央 国务院关于推进社会主义新农村建设的若干意见》(中发〔2006〕1号)明确提出,要加强气象为农业服务,保障农业生产和农民生命财产安全。《国务院关于加快气象事业发展的若干意见》(国发〔2006〕3号)也要求,健全公共气象服务体系、建立气象灾害预警应急体系、强化农业气象服务工作,努力为建设社会主义新农村提供气象保障。为此,中国气象局下发了《关于贯彻落实中央推进社会主义新农村建设战略部署的实施意见》,要求全国气象部门要围绕"生产发展、生活宽裕、乡风文明、村容整洁、管理民主"的建设社会主义新农村的总体要求,按照"公共气象、安全气象、资源气象"的发展理念,积极主动地做好气象为社会主义新农村建设的服务工作。要加强气象科普宣传力度,编写并发放气象与农业生产密切相关的教材;要积极开展新型农民气象科技知识培训,大力提高广大农民运用气象科技防御灾害、发展生产的能力;要开办气象知识课堂,定期、不定期对农民开展科普培训;要加强农村防灾减灾和趋利避害的气象科普知识宣传,对学校开展义务气象知识讲座,印制与"三农"相关的气象宣传材料、科普文章和制作电视短片等。

  气象出版社为深入贯彻落实中国气象局党组关于气象为社会主义新农村建设服务的要求,结合中国气象局业务技术体制改革,积极推进气象为社会主义新农村建设服务工作,并取得实实在在的成效,组织全国相关领域的专家精心编撰了《气象为新农村建设服务系列丛书》。该套丛书以广大农民和气象工作者为主要读者对象,以普及气象防灾减灾知识、提高农民科学文化素质和气象工作者为社会主义新农村建设服务的能力为目的,行文通俗易懂,既是一套农民读得懂、买得起、用得上的"三农"好书,又是气象工作者查得着、用得上的实用服务手册。

中国气象局局长 郑国光

2007 年 5 月

目 录

1. 二十四节气的由来 …………………………（1）
2. 万象更新是"立春" …………………………（4）
3. 草木萌动"雨水"到 …………………………（8）
4. 雷声一响齐"惊蛰" …………………………（9）
5. 阴阳相半是"春分" …………………………（11）
6. 桃李尽笑是"清明" …………………………（13）
7. 雨生百谷是"谷雨" …………………………（15）
8. 物茂色绿到"立夏" …………………………（16）
9. 小得盈满为"小满" …………………………（18）
10. 菱放榴红是"芒种" …………………………（20）
11. 日长至极到"夏至" …………………………（23）
12. 蝉噪高阳要"小暑" …………………………（25）
13. 酷热之极是"大暑" …………………………（27）
14. 蝉声渐断"立秋"至 …………………………（29）
15. 暑止风凉到"处暑" …………………………（33）
16. 露凝而白"白露"降 …………………………（35）
17. 凉风碧空是"秋分" …………………………（38）
18. 露气冷凝谓"寒露" …………………………（40）
19. 风萧萧兮要"霜降" …………………………（42）
20. 万物收藏迎"立冬" …………………………（43）
21. 乱玉碎琼是"小雪" …………………………（46）
22. 雪花纷纷降"大雪" …………………………（47）

23. 日南至极而"冬至" …………………………………（49）
24. 出门见冰"小寒"到 …………………………………（51）
25. 天寒地冻"大寒"临 …………………………………（53）
26. 农历与阴历 …………………………………………（55）
27. 节气的歌与联 ………………………………………（58）
28. 伏的早晚与长短 ……………………………………（60）
29. 夏九九 ………………………………………………（63）
30. 冬九九 ………………………………………………（64）
附录:古农书上的一些常见词语解释……………………（67）

1. 二十四节气的由来

所谓节气,就是把一年内太阳在黄道上的位置变化和引起的地球气候的演变次序,分为二十四个时段,每段约半个月时间,分在十二个月里面。

在古时中国,原用太阴历,它是以月球光面的圆缺晦明、形象变动为基础确定日期的。但是地球上的气候状况,主要取决于地球和太阳间的相对位置,而与月亮无关。

据考证,早在 2700 多年前的周朝、春秋时代(公元前 722—前 481 年),聪明的先人意识到人的影子长短可能与太阳的位置和气候变化有某种关联,久久思索后,形成的结果是用土圭来测量太阳对晷针所投影子的长短(即土圭测影),正确确定了春分、秋分、夏至、冬至的时期。

所谓土圭测影,就是"立竿见影"的方法,即利用直立的竿子,在正午时刻测其影子的长短,把一年中影子最短的一天定为"夏至",最长一天定为"冬至";两至中间("冬至"到"夏至"、"夏至"到"冬至")影子为长短之和一半的两天,分别定为"春分"、"秋分"。世界上最古老的"周公测景台"如今还保留在河南省嵩山脚下的告成镇当是最好的佐证。

到了战国末期,即公元前 239 年,又增加了"立春"、"立夏"、"立秋"、"立冬"四节(《吕氏春秋·十二纪》)。至汉时,已有了完整的二十四节气的记载,其顺序和现在完全一样,并确定 15 日为一节,以北斗星来定节气。如《淮南子·天文训》中记载:"日行一度,十五日为节,以生二十四时之变。"

古人是将二十四节气分为十二节气和十二中气,

☯ 十二节气:立春、惊蛰、清明、立夏、芒种、小暑、立秋、白露、寒露、立冬、大雪、小寒;

☯ 十二中气：雨水、春分、谷雨、小满、夏至、大暑、处暑、秋分、霜降、小雪、冬至、大寒。

顺序分配在阴历的十二个月里面，在月前的叫"节气"，在月中的叫"中气"。这个"气"字，是气象、气候之意，是古人观察了（主要在华中、华北地区）每个阶段内所特有的气象或物候现象或农事活动后定出的名称。

在古代，节气是用"恒气"来规定的。"恒气"又称作"平气"，就是把一年平均分为二十四等份，每等份为 15.2184 日，即每两个节气之间平均相距 15 日多。

现代所用的节气，则是以太阳所在的位置为标准的，又叫做"定气"。但是，太阳在黄道上每天的移动快慢不均，两个节气相隔的日数也不一样。"冬至"前后太阳移动快些，两节气相隔 14 日多；"夏至"前后太阳移动慢些，两气相隔要 16 日多。虽然用"定气"来规定节气的交接日期，日数相隔多寡不齐，但却能表示太阳的真实位置，使"春分"、"秋分"一定在昼夜平分的那一天。

这里要特别说说的是，在隋朝时，刘焯就早已指出用"恒气"不合理，并提出用"定气"法推算日月交食；但一直到了清代才完全改用"定气"法。

用"定气"法确定节气，将节气固定在太阳的一定日期上，不跟随阴历日期而变动，所以它属于阳历范畴。节气日在阳历上几乎年年不变，最多相差一天。一般来说，上半年的节气在每月的 6 日和 21 日左右，下半年在每月的 8 日和 23 日前后。今日，我国民间还流行着一首可以帮助人们对二十四节气记忆的歌诀呢，

春雨惊春清谷天，夏满芒夏暑相连，
秋处露秋寒霜降，冬雪雪冬小大寒。

上半年来六、廿一,下半年来八、廿三,

每月两节日期定,最多不差一两天。

节气,表示一年中太阳在天空的不同位置,因此也相应地指示了四季寒暑的变动。勤劳智慧的古人,在确定二十四节气的名称时,也考虑到了当时的气候、物象及农事活动。如立春、立夏、立秋、立冬和春分、夏至、秋分、冬至八个节气,是预示季节转换的。小暑、大暑、处暑、小寒、大寒、白露、寒露、霜降八个节气,是反映气温变化的,前五个节气表示天气炎热和寒冷的时间、过程;后三个节气表示天气转凉、空气中水汽的不同凝结状况。而雨水、谷雨、小雪、大雪四个节气,是预示降雨、降雪的时期和程度的。至于惊蛰、清明、小满、芒种四个节气,则反映了生物受气候变化影响而出现的生长发育现象与农事活动情况。

千百年来,"民以食为天"(《汉书·郦食其传》)。而食,只能从农耕而来。然而农耕活动"在于趋时"(西汉《氾胜之书·耕作篇》)。可以说,几乎我国所有的古代农书都讲到农耕第一要务就是抓紧农时。农的繁体字为"農",其中"辰"就是"时"的意思(东汉许慎《说文解字》)。因此,各地种田人一直把节气拿来指导农事,并以此总结出了数不胜数的节气谚语。如流行在安徽省江淮流域的谚语有:"一月有两节,一节十五天。立春天气暖,雨水粪送完。惊蛰快耙地,春分犁不闲。清明多栽树,谷雨要种田。立夏点瓜豆,小满不种棉。芒种收新麦,夏至快种田。小暑不算热,大暑是伏天。立秋种白菜,处暑摘新棉。白露要打枣,秋分种麦田。寒露收割罢,霜降把地翻。立冬起菜完,小雪犁耙开。大雪天已冷,冬至换长天。小寒快积肥,大寒过新年","清明早、小满迟,谷雨种棉正当时","秋分早、霜降迟,寒露种麦正当时"等,后两条为流行于安徽北部的节气谚语。这些谚语,至今仍闪烁着科学的光芒。不过需要指出的是,二十四节气自古代创立,至秦汉时代完备,这段时期我国经济文化中心一直在黄河流域。所以,节气所反映的是黄河中下游一带的气候特点和农事活动,并不完全符合全国情况。各地总结出的节气谚语,也是具有地方性的,不能不分地区地用于指导农业活动。这也是上述所举谚语的例子中,特别指明其流行地区的原因所在。

另外,在人类生存和发展的诸多条件中,吃饭,无疑是最重要的。因此,农人们总是祈祷丰收,祈求消灾,因此又形成了丰富多彩的节气风俗,如"清明"节的踏青、扫墓习俗,至今仍很风行。有的节气还成了重要的节日,如"立春"日是"春节"(指旧时)。它们共同组成的中华民族岁时节令文化,在几千年的历史长河中不断得到丰富和发展,并且正在走向世界。

在漫长的岁月中,节日反映着人生,节气民俗感染着诗人,孕育出数不清的诗词歌赋,随手拈来一首品读,都令人赏心悦目、心旷神怡,如唐人杜牧的《清明》:"清明时节雨纷纷,路上行人欲断魂。借问酒家何处有,牧童遥指杏花村。"同时,还催生出绘画、舞蹈、音乐等项目来。

由此看来,节气,不仅是我国历学家的一个杰出创造和对天文学的一大贡献,也确实存在着一个内涵十分丰富的"节气文化"!

2. 万象更新是"立春"

每年 2 月 4 日前后,太阳到达黄经 315 度时交"立春"节气。"立春"是预示季节转换的节气。这个节气,早在战国末期(约公元前 239 年)就确定了。

"立春"是二十四节气中的第一个节气。在古时,古人认为,春季开始叫"立春",夏季开始叫"立夏",秋季开始叫"立秋",冬季开始叫"立冬"。其农事意义是"春种、夏长、秋收、冬藏"。

春夏秋冬,以春为首。春季六节气,"立春"居先,标志着春天的到来、四季的开始,这是古时的说法。从现代气候学标准看,以"立春"作为春季的开始,不能和当时全国各地的自然物候现象(即春季应有的景象)吻合。如2月初"立春"后,我国华南已经花红柳绿了,然而华北大地仍会大雪纷飞。现在比较科学的划分,是把候(5天为一候)平均气温在10℃以上的始日,作为春季开始。

按照这个标准,春姑娘从1月末、2月初的秋春相连的广州起步北上,开始旅程,2月中旬先是到了昆明、下旬则越过云贵高原进入四川盆地,3月中旬到达武汉三镇、下旬越过郑州和济南,4月上旬抵达京津地区、中旬跨过山海关来到塞外沈阳城、下旬经由长春到达哈尔滨,5月20日前后,才能光临我国北疆最边远的地方——漠河。另外,由于我国幅员辽阔,地势复杂,不但春临大地的时间有早有迟,春姑娘在各地停留的时间也有长短之别,如西北地区土壤干燥,春季升温迅速,整个春季仅40多天,可谓来去匆匆;而云南昆明等地则四季如春,被誉为"春城"。

不过,这里要顺便说说"物候"这个词,以后还会多次提到它。所谓物候是指自然界的花草树木、飞禽走兽,按一定的季节时令活动,这种活动与气候变化息息相关。因此,它们的各种活动便成了季节的标志,如植物的萌芽、发叶、开花、结果、叶黄、叶落,动物的蛰眠、复苏、始鸣、繁育、迁徙等,都是受气候变化制约的,人们把这些现象叫做物候。

虽然,"立春"节气后,不能说春天已到,但确实预示着春天就要来了,农业生产大忙季节即将来临。这不,一些农谚即是很好的佐证。如:"立春一日,水热三分"、"春到三分暖"……

以安徽省为例,"立春"节气以后,虽处于冬季之尾,但有时气温仍较低,还会发生低温冻害。如安徽省极端最低气温的极值,就出现在 1969 年 2 月 6 日的固镇县,为 -24.3 ℃。因此,仍应加强冬作物,尤其是温室大棚的保温防寒工作。不过,有时冬季偏暖年份,南方湿热空气势力强于北方冷空气,在"立春"之后,风已不像之前那样凛冽,各地气温很快回升,出现小降雨并伴有雷声响动,万物开始郁郁萌动……这就是农谚所说的"一声春雷动,遍地起爬虫"。所以,在防寒的同时还要及早做好准备进行农田管理。

就全国而言,此时,在东北地区要顶凌耙地、送粪积肥,并做好牲畜防疫工作。在华北平原则要积极做好春耕准备和兴修水利。在西北地区,要为春小麦整地施肥。西南地区则要抓紧耕翻早稻秧田,做好选种、晒种以及夏收作物的田间管理。在华南地区则是"立春雨水到,早起晚睡觉"——春耕春种要全面展开了。

春,为吉祥的象征,是"一元复始,万象更新"之春,是"除旧岁之琐琐,卜来年之蒸蒸"之春。自古以来,我国以农为本,农民据季节掌握农时,故素重此节,"一年之计在于春"、"宁舍一锭金,不舍一年春",甚至有"春朝(立春日)大于年朝(正月初一)"之说。《礼记·月令》中说:"立春三日,东风解冻,蛰虫始振,天子率公卿、诸侯、大夫,迎春于东郊,回来后进行庆祝,赏赐公卿大夫,布德施惠人民。"

在民间,多把"立春"作为节日来过的,千百年来,许多活动相沿开来成为习俗,如迎春、鞭春、咬春、簪春幡、赐春胜、剪春花、贴春字、吃春饼、馈春盘、食春菜等,表现的主要是欢庆春回大地、劝励农耕、祈求一年丰稔的主题。《北平风俗类征·岁时》对食春饼之俗有详细记载:"是月如遇立春……富豪食春饼。备酱熏及炉烧盐腌各肉,并各色炒菜,如菠菜、韭菜、豆芽菜、干粉、鸡蛋等,而以面粉烙薄饼卷而食之。"

"立春"又叫打春,就是冬至数九后的第六个"九"开始。古人习惯制造象征农事的土牛、耕夫、犁具,置于大门之外,"立春"之晨,用彩杖击牛,也有在纸牛肚里装上花生、柿饼、栗子、核桃之类的干果,"立春"之日鞭打纸牛,使干果散落,男女老少都来抢果,拾到多者意味着丰收。这些习俗,正如卢肇诗云:"不得职田饥欲死,儿侬何事打春牛?"直至今日,有的习俗仍在一些乡村传承着。

说到这里,不得不多说几句关于"假龙真蛇"和"假蛇真龙"的俗信。江湖术士依人生肖算命时,时常会说你是"假龙真蛇"或"假蛇真龙"。如2000年除夕至2001年2月4日"立春"日前出生的都应属龙,尤以在除夕后至"立春"出生的人,虽已是蛇年也应属龙,且应是"真龙假蛇",因龙年未过。其实,这是江湖术士故弄玄虚,因春夏秋冬轮转与农历十二月一轮转是不同步的。前者是以太阳运转来定,后者则是以阴阳历叠加来确定的历法。即使四季与十二月的轮转同步开始,也不可能同时达到终点。所以,民间有谚云"百年难逢岁朝春"之说。

古人说得好,"光阴与时节,先感是诗人。"是的,"立春"以后已是季冬与孟春相交之日,人们脱离冬的蛰伏、沉闷与压抑,相伴户外踏青,任凭太阳暖洋洋地沐浴着、撩弄着,呼吸着新鲜空气;或嚼根草茎,嗅着草腥味儿在草地上打个盹,有说不出的惬意、舒坦……此情此景,"吹面不寒杨柳风"的意境会飘然而至。多情善感的诗人,哪能不吟诗作唱呢!随手翻翻古籍典章,就会发现许多脍炙人口的诗词佳句,如韩愈《初春小雨》:"天街小雨润如酥,草色遥看近却无。"杜甫《腊日》:"侵陵雪色还萱草,漏泄春光有柳条。"等等,都很美很美……

3. 草木萌动"雨水"到

每年 2 月 19 日前后,太阳到达黄经 330 度时,为二十四节气的第二个节气——"雨水"。雨水,表示两层意思,其一是大气降水的形态由冬季的固态水——降雪为主,转为以液态水——降雨为主;其二是自"雨水"节以后,天气回暖,南方暖湿气流势力渐强,降水量也逐渐增多了。

这里要顺便说说气象学上关于降雨种类的划分标准。降雨分小雨、中雨、大雨、暴雨、大暴雨、特大暴雨等六个等级。根据 24 小时的降雨总量,小雨是 10 毫米以下,中雨是 10~24.9 毫米,大雨是 25~49.9 毫米,暴雨是 50~99.9 毫米,大暴雨为 100~199 毫米,特大暴雨为 200 毫米以上。

另外,把降雨开始和停止都较为突然,降雨强度变化大的叫"阵雨";降雨时还打雷的叫"雷阵雨";如果只有某一地区有阵雨、小雨和中雨时,叫"局部地区有阵雨、小雨、中雨"等。

话再说回来,"雨水"和"谷雨"、"小雪"、"大雪"一样,都是反映自然降水现象的节气。《月令七十二候集解》说:"正月中,天一生水。春始属木,然生木者必水也,故立春后继之雨水。且东风既解冻,则散而为雨矣。"意思是说,"雨水"节气后,万物开始萌动,春天就要到了。如在《逸周书》中就有"雨水"节后"鸿雁来"、"草木萌动"等物候记载。

草木的萌动是有条件的,即要有"水"作为基础。按古代"五行"的"木火土金水"的水土"相生"之说知,春属于木,木生之于水。即要有后来万木葱郁的春天,必须有水作为先导。所以,在二十四节气的"立春"之后,"春分"之前,就一定会有一节气冠名"雨水"。这是古代朴素唯物主义的具体表现,现在看来也具有一定的科学性。如现代气象科学观测研究表明,"雨水"过后,我国大部分地区气温已达到0℃以上,黄淮平原日平均气温已在3℃左右,江南平均气温在5℃上下,华南地区气温已超过10℃,但华北平原平均气温仍在0℃以下。所以说,在这样的气候背景下,黄淮平原及其以南地区自然降水多呈液态形式,而华北平原有时仍会雪花纷飞,但都预示着春天就要到了。一代伟人毛泽东在其《咏梅》诗中就写道:"风雨送春归,飞雪迎春到。"

作为以耕作为主的农民朋友来说,他们所关心的是如何抓住"一年之计在于春"的关键季节,进行春耕、春种、春管,实现"春种一粒粟,秋收万颗籽"的愿望。

就大田来看,"雨水"前后,油菜、冬麦普遍返青生长,对水分的需求相对较多。而华北、西北以及黄淮地区,这时降水量一般较少,常不能满足农作物的需求。若早春少雨,"雨水"前后应及时春灌,可取得较好的效果,即常说的"春雨(水)贵如油"。淮河以南地区,此时一般雨水较多,应做好农田清沟沥水,中耕除草,预防湿害烂根。华南双季早稻育秧工作已经开始,为防忽冷忽热、乍暖还寒的天气对秧苗的危害,应注意抓住"冷尾暖头"天气,抢晴播种,力争一播全苗。

4. 雷声一响齐"惊蛰"

每年3月5日或6日,太阳到达黄经345度时,交"惊蛰"节气。蛰,是藏的意思。在二十四节气中,"惊蛰"反映的是自然生物受气候变化影响而出现生长发育的现象。

"惊蛰"在"立春"一个月后,春雷始鸣。蛰伏过冬的动物、昆虫,此时结束冬眠,蠢蠢欲动。如陶渊明有诗曰:"促春遘时雨,始雷发东隅,众蛰各潜骇,草木纵横舒。"实际上,昆虫是听不到雷声的,大地回春、天气变暖才是使它们结束冬眠的原因。

现代气象科学表明,"惊蛰"前后,之所以偶有雷声,是大地温度渐高而促使近地面热气上升或北上的湿热空气势力较强与活动频繁所致。从我国各地自然物候进程看,由于南北跨度大,春雷始鸣的时间迟早不一。"惊蛰"始雷,仅与沿长江流域的气候规律相吻合。就多年平均而言,云南南部在11月底前后即可闻雷,而北京的初雷日却晚到4月下旬。

我国劳动人民自古就很重视"惊蛰"节气,把它视为春耕开始的日子。千百年来,总结出许多与"惊蛰"有关的农谚,如"过了惊蛰节,春耕不能歇","九尽杨花开,农活一齐来。"就连诗人也深知"惊蛰"节后,农事就一一而来,如唐诗有云:"微雨众卉新,一雷惊蛰始。田家几日闲,耕种从此起。"

从我国各地的实际情况来看,惊蛰时节,华北冬小麦开始返青,急需返青水,一旦缺水,就会减产,农谚"不怕一冬旱,就怕正二三",说的就是这个道理。所以此时节,对冬小麦、豌豆等要及时浇水。不过,此时因土壤仍处在冻融交替状态,及时耙地是减少水分损失的重要措施。"惊蛰不耙地,好比蒸馍走了汽",这是当地人民防旱保墒的宝贵经验,至今仍被采用。

此时,江南小麦已经拔节,油菜也开始见花,对水、肥的要求渐多,应适时追肥,干旱少雨的地方应适当浇水灌溉。而雨水偏多的地方做好防止湿害的工作也同样重要。俗谚说"麦沟理三交,赛如大粪浇"、"要得菜籽收,就要勤理沟",等等,都表明搞好清沟沥水的重要性。

此时,华南地区早稻播种应抓紧进行,同时要做好秧田防寒工作。随着气温回升,茶树也渐渐开始萌动,应进行修剪,并及时追施"催芽肥",促其多分枝,多发叶,提高茶叶产量。桃、梨、苹果等果树则要施好花前肥。

另外,俗谚有云,"春雷惊百虫"。"惊蛰"节后,温暖的气候条件还有利于多种病虫害的发生和蔓延,田间杂草也相继萌发,应及时搞好病虫害防治和中耕除草工作。"桃花开,猪瘟来",家禽家畜的防疫也要引起重视了。

在长期的生产实践中,我国的劳动人民还总结出许多与惊蛰有关的预示气象规律的谚语,如流行于黄淮平原的"惊蛰未到雷先响,四十八天无太阳"、"惊蛰未雷,小满发水"、"惊蛰闻雷声,全月雷轰轰"、"惊蛰刮大风,冷到五月中"、"雷打惊蛰前,二月雨连连"、"雷打惊蛰后,旱天到春后"等等,不一而足,这些谚语至今仍闪耀着古人智慧的光芒。

5. 阴阳相半是"春分"

每年3月21日前后,太阳到达黄经起点0度即春分点时,交"春分"节气。这个节气,早在春秋时代就已经确立了。古时称"春分"为"日中"(《尚书·尧典》)、"日夜分"(《吕氏春秋》)。另据《月令七十二候集解》说:"二月中,分者半也,此当九十日之半,故谓之分。"也就是说"春分"日的"分"有两重意义。其一,白昼黑夜相等,都是12小时,昼夜平分。此时太阳光直射赤道,之后阳光直射位置开始向北移动。其二,此当春季90天之半,平分了春季。正如《春秋繁露·阴阳出入上下篇》所说:"春分者,阴阳相半也。故昼夜均而寒暑平。"按照后来的发展,在二十四节气里,"春分"是"四时八节"中的八个基本节气之一。其中四时指春、夏、秋、冬四季。八节则是指立春、春分、立夏、夏至、立秋、秋分、立冬、冬至。如杜甫在《短歌行赠四兄》诗中曾云:"四时八节还拘礼,女拜弟妻男拜弟。"

从气候规律来说,"春分"后,除"春风不度"的西北高寒山区之外,我国华北平原、黄淮平原及长江以南地区日平均气温已升至10℃,已经进入物候学上真正的春季。大部分地区越冬作物进入春季生长阶段。

长江以南降雨迅速增多,很快就进入"桃花汛"期,要注意搞好清沟沥水、排涝防渍工作。同时,要谨防"倒春寒"天气的危害,抓住"冷尾暖头"天气做好早稻育秧。

在"春雨贵如油"的东北、华北、西北地区,抗御春旱仍是"春分"时节重要的农事活动。农谚"春分麦起身,一刻值千金",说的就是"春分"时节农田管理的重要性。但华北地区出现春分雪的年份也是有的,这在气象上称为"倒春寒"。"春分雪,闹麦子",则说华北地区"春分"下雪,对麦子的危害极大。农谚"冬雪宝、春雪草"即是佐证之一。因此,"春分"时节加强冻害防御也十分重要。常用方法有选用抗寒良种,麦子播种深度合理,增施钾肥,灌水或喷雾等。

"二月惊蛰又春分,种树施肥耕地深",说的是"春分"前后为植树造林的大好时机,应抓紧进行。就连古诗中也有描述"春分"快植树的诗句,如"夜半饭牛呼妇起,明朝种树是春分"。足见"春分"植树的紧迫性、重要性。

另要顺便提及的是,在古时,每年"春分"前后,还有一较为重要的节日——春社日。春社日是农人祭祀土地神的日子,一般春秋各一次。按《统天万年历》"立春后五戊为春社,立秋后五戊为秋社"之说法,春社日多在"春分"节气后,如1998年就在春分日(3月21日)的次日——3月22日。春社日主要是置牲醴,祈求土地神保佑农业丰收。到魏晋隋唐后,此俗又增加卜禾稼、种社瓜、祈降雨、治聋酒、饮宴等内容,活动甚为风行、热闹,这可从唐诗人王驾《社日》诗对其情景的描写来管窥一斑,"鹅湖山下稻粱肥,豚栅鸡栖半掩扉。桑柘影斜春社散,家家扶得醉人归"。不过,随着社会、经济、文化的发展与进步,时至今日,此风俗已渐渐淡薄、消失了。

6. 桃李尽笑是"清明"

每年4月5日或6日,太阳到达黄经15度交"清明"节气。"清明"有冰雪消融,草木青青,天气清澈明朗,万物欣欣向荣之意。"满阶杨柳绿如茵,画出清明三月天"、"佳节清明桃李笑"、"雨足郊原草木柔"等,正是对"清明"时节天地物候的生动描绘。

清明是一个重要的农事节气。从气候层面上看,进入此时节,我国除东北与西北地区外,大部分地区日平均气温已升至12℃,大江南北、长城内外,冰河解冻、大雁北飞,玉兰花、迎春花、诸葛菜、遏蓝菜等相继含苞吐蕊,接着紫荆、樱花、桃花、杏花,梨花等次第开放,争奇斗艳,辛勤的农人则忙着播种希望,珍视着这"一年之计"。"清明前后,种瓜种豆"、"清明谷雨两相连,浸种耕田莫迟疑"……这些农事谚语,正是农人对清明节气极为重视的佐证。

在南方,"梨花风起正清明",此时已是桃红、柳绿、梨白、菜黄,多种植物已进入展花期,为提高坐果率,进行必要的人工辅助授粉很有必要。而黄淮以南地区的小麦也已进入拔节期,抓紧搞好小麦后期的肥水管理和病虫害防治工作,是取得丰产的关键。对于早、中稻要抓紧抢晴播种。与此同时,茶树新芽抽长正旺,是采摘中上品的绝好时机。倘若有幸涉足茶乡,还会目睹茶哥茶妹们对歌的"采春"景象呢。

"清明时节雨纷纷"也绝非艺术想象,是诗人对江南此时气候特色的准确描绘。这时阴时晴的充沛雨水,可满足各种作物生长发育之需。所以俗语云"雨清明,好年景"。但是,事物总是物极必反的,过多的降水也会诱发湿害而危害庄稼,需加以提防。

在北方,此时正是多种春播作物的适播期,如玉米、高粱等。不过需要注意的是这个时节北方的冷空气仍有一定势力,"乍暖还寒"、"恻恻轻寒剪剪风",是对此时天气冷暖多变的形象说明。因此,在春季田间管理工作中,还应注意防御晚霜冻对小麦、水稻秧苗,果树花蕾等的危害。

清明,不仅是一个极其重要的农事季节,也是二十四节气中唯一演变成民间节日的节气。自古有祭祖、扫墓、植树、插柳、踏青等名俗,还有蹴鞠、荡秋千、拔河、斗鸡、扑蝶、放风筝等丰富的户外活动。这些风俗相传是由隋唐以前较为盛行的"寒食节"渐渐演变而来的。如清明扫墓的风俗,至今还有着"寒食节"焚纸钱、添坟土等痕迹呢。其实,清明扫墓常与结伴郊游踏青结合起来。如《东京梦华录》有云:"四野如市,往往就芳树下,或园囿间,罗列杯盘,互相劝酬⋯⋯"清人高菊卿则感叹:"南北山头多墓田,清明祭扫各纷然。纸灰飞作白蝴蝶,泪血染成红杜鹃。日落狐狸眠冢上,夜归儿女笑灯前。人生有酒须当醉,一滴何曾到九泉。"这又何必呢?还是程颢看得明白:"芳草绿野恣行时,春入遥山碧四周。兴逐乱红穿柳巷,困临流水坐苔矶。莫辞盏酒十分劝,只恐风花一片红。况是清明好天气,不妨游衍莫忘归。"(《郊行即事》)。是啊,清明祭祖扫墓有着慎终追远的感伤之外,又有野外欢乐赏春健身活动之便,不是使这个节日更有意义吗?

7. 雨生百谷是"谷雨"

每年4月20日或21日,太阳到达黄经30度交"谷雨"节气。谷雨,乃雨生百谷之意。按《月令七十二候集解》:"三月中,自雨水后,土膏脉动,今又雨其谷于水也……盖谷以此时播种,自上而下也。"

杜甫诗云:"杜鹃暮春到,哀哀叫其间。"杜鹃又名布谷鸟,它的到来与时令的关系很大。"布谷鸟儿叫,种谷时间到"。此时柳絮飞舞,犹如万点梅花从天而降,堪称奇观。宋代诗人苏轼在《和孔密州五绝·东栏梨花》中吟道:"梨花淡白柳深青,柳絮飞时花满城。"欧阳修在《采桑子》一词也云:"飞絮濛濛,垂柳阑干尽日风。"柳絮是送春的物质。是的,"谷雨"节,我国除青藏高原和黑龙江最北部气温较低外,大部分地区气温已在15℃以上,长江以南地区常有100毫米左右的降雨发生,故有"清明明,谷雨淋"的农谚。在北京也是"柳絮飞舞枣发芽,燕子呢喃赏樱花"的季节。华南沿海地区和川西南低海拔地带,日平均气温一般在20℃以上,已踏上了初夏季节的第一趟班车了。

从气温的这种变化可知,"谷雨"前后是农业生产最为繁忙的时节。"清明下种,谷雨下秧"(流行于长江流域),"清明早,小满迟,谷雨种棉正当时"(流行于黄淮平原)、"谷雨前后,种瓜种豆"(流行于华北平原)……都说明了谷雨前后,各种农事活动的紧迫性。这些谚语,至今对当地的农事活动仍有着重要的指导作用。而"雨生百谷",更说明此节气在农业生产上的重要性。

"谷雨"到,大江南北,小麦已孕穗、抽穗,油菜正开花结荚。早稻秧苗一般达二三叶期,正是生产管理的关键时期。

小麦要抓紧施好孕穗肥,秧苗要于二叶期追施"断奶肥"。对油菜进行一次叶面喷肥,能促进子粒饱满,尤其适喷硼肥,可预防油菜"花而不实"。此时,也是我国自南向北棉花、玉米、春小麦的播种期,各地应抓住"冷尾暖头"天气适时下种。"清明见芽,谷雨见茶",此时春茶的采制已进入旺季,宜抓紧进行。不过,对于终年炎热的海南岛来说,早稻的田间管理工作绝不可放松。

步入"谷雨"时节,长江以南地区降水明显丰沛。"春雨断桥人不度,小舟撑出柳阴来"的桃花汛期,当是对江南景象的真实写照,此时农田防渍防涝决不可放松。而华北、西北地区仍是"春雨贵如油"的少雨季节,加强春旱的防御仍是十分重要的工作。

8. 物茂色绿到"立夏"

每年的 5 月 5 日或 6 日,太阳到达黄经 45 度,交"立夏"节气。这个季节,在战国末年(公元前 239 年)就已经被确立了,预示着季节的转换,为古时按农历划分四季之夏季开始的日子。如《逸周书·时讯解》云:"立夏之日,蝼蝈鸣。又五日,蚯蚓出。又五日王瓜生。"描述的就是孟夏之初的物候景象。

其实,按照现代气候学的标准看,"立夏"前后,我国只有福州到南岭一线以南地区日平均气温在 20℃ 以上,进入物候学上真正的"绿树浓荫夏日长,楼台倒影如池塘。水晶帘动微风起,满架蔷薇一院香"(高骈《山亭夏日》)的夏季。而东北、西北部分地区,这时刚刚踏入春季。全国绝大部分地区如华北平原、黄淮平原、长江中下游地区日平均气温多在 18~20℃ 之间波动,正是"草木知春不久归,百般红紫斗芳菲。杨花榆荚无才思,惟解漫天作雪飞"(韩愈《晚春》)的仲春或暮春季节。

"立夏"作为一个季节的开始,自古上至天子百官,下至庶民百姓,都十分注重。如《礼记·月令》篇曰,"在立夏那天,天子要亲率三公、九卿大夫到南郊举行迎接夏天的礼仪。回来后要赏赐诸侯百官,令乐师教授联合礼乐,令太尉引荐勇武、推荐贤良、选择强壮,并令主管田野山林的官吏巡行天地平原,代表天子慰劳勉励农人抓紧耕作。天子还要在农官献上新麦时,要献猪到宗庙,举行尝新麦的礼仪。"在民间,同样也要在"立夏"之日"供神祭先"。如顾禄《清嘉录》云:"立夏日,家设樱桃、青梅、麦,供神享先,名曰立夏见三新。"这里的"神"指民间信仰中的神灵,"先"指祖先。表示有了新的收获,首先想到的是献给神灵与祖先享用,且有告诉神灵与祖先,这些蔬菜、粮食已经收获之意。同时,"立夏"以后,天气渐热,危害庄稼的冰雹灾害会开始出现并渐多起来。于是,古时农人又有立夏日于郊野祭禳雹神之俗,以祈消去雹灾获取丰收。如《高阳县志》云:"立夏节,置备祭品,并备墨鱼一尾,面饼一张,赴郊外十字路口旁,将鱼与饼埋于地下,祭祀雹神,祈免雹灾。"另一方面,"立夏"日以后,暑热日胜,人常会出现身体不适,或消瘦,或食欲不振,或睡眠不佳,或整日昏昏欲睡、气虚神倦、乏力等"疰夏"症状。因而,千百年来,各地还形成了在"立夏"日行魇夏的习俗,以祈免受疰夏之苦。其习俗有啖李、簪麦穗、食梅、饮七家茶、试着葛衣等。

立夏时节,夏收作物进入生长后期,冬小麦扬花灌浆,油菜接近成熟,夏收年景基本成定局,如农谚就有"立夏看夏"之说。而"多插立夏秧,谷子收满仓"之农谚,则说明此时正是大江南北早稻插秧的大忙季节,同时其他春播作物的管理也十分棘手,所以范成大在《村居即事》中感叹:"绿满山原白满川,子规声里雨如烟。乡村四月闲人少,才了蚕桑又种田"。另一方面,江南在立夏以后,将进入"黄梅时节家家雨,青草池塘处处蛙"的梅(霉)雨季节。雨量和雨日均明显增多,农田管理既要防止渍涝灾的同时,还要谨防因雨湿较重诱发的各种病害,如小麦赤霉病。另外,在"四月清和雨乍晴"的乍暖乍寒天气条件下,要注意棉花炭疽病、立枯病的暴发流行。管理上要早追肥、早耕田、早治病虫,以促早发。

就茶树而言,此时节春梢发育最快,稍一疏忽茶叶就会老化,如民谚所云:"谷雨很少摘,立夏摘不辍"。因此要集中精力分批突击采制。华北、西北等地,虽气温回升快,但降水仍然不多,对春小麦的灌浆以及棉花、玉米、高粱、花生等春作物苗期生长十分不利,应采取化控、中耕、补水等多种措施抗旱防灾,以争取小麦的高产和确保春作物幼苗的健壮生长。

9. 小得盈满为"小满"

每年5月21日或22日,太阳到达黄经60度时交"小满"节气。"小满"同前述的"惊蛰"、"清明"一样,是反映生物受气候变化的影响而出现生长发育现象的节令。其意思是自然界植物比较茂盛、丰满了,以麦类为主的夏收作物的子粒逐渐饱满,但尚未到最饱满的时候。如《月令七十二候集解》曰:"四月中,小满者,物至于此小得盈满。"陈希龄在《恪遵宪度抄本》中也云:"麦粒将已充足,亦为小满。"按现代的说法,就是夏熟作物尤指小麦的子粒开始灌浆饱满,但还未成熟,只是小满,还未大满。此时节,除东北和青藏高原未进入夏季以外,我国绝大部分地区日平均气温都在22℃以上,为"浦夏荷香满,田秋麦气清"的真正物候意义上的夏季。而在长江以南地区,那满山的映山红红遍山野,洁白的栀子花、黄色的棣棠花、紫色的丁香花都在争红斗绿。

民,以食为天、以地为业,农事以物候节时而生、而存。所以,农人们在"小满"节后是十分繁忙的。长江及以南地区的谚语"小满动三车,忙得不知他。"就说得十分明白。这里的"三车"指的是水车、油车和丝车。此时,农田里的庄稼需要充足的水分,农民们便忙着踏水车翻水;收割下来的油菜子也等待着农人们去舂打,做成清香四溢的菜子油;田里的农活自然不能耽误。可家里的蚕宝宝也得细心照料呀——"小满"前后,蚕要开始结茧了,养蚕人家忙着摇动丝车缫丝。如《清嘉录》中记载:"小满乍来,蚕妇煮茧,治车缫丝,昼夜操作"。

与此同时,长江沿岸及以南地区,也正如宋人陈造在《早夏》诗中所说:"鲥鱼入市河豚罢,已是江南打麦天。"夏收作物已经成熟收获。你说忙不忙!

不过,长江中下游地区还流行这样的农谚:"小满不下,黄梅偏少"、"小满无雨,芒种无水"。说的是如果"小满"期间雨水偏少,就意味着到了黄梅时节,降水可能就会偏少、干旱。因此,南方地区的农谚又赋予"小满"新的寓意:"小满不满,干断思坎","小满不满,芒种不管"。用"满"来形容雨水的盈缺,指出"小满"时田里如果蓄不满水,就可能造成田坎干裂,甚至"芒种"时也无法栽插水稻。这方面的谚语还有很多,如安徽、江西、湖北等省就有"小满不满,无水洗碗"的说法;四川省还有"小满不下,犁耙高挂"之说。这里的"满"字,均超越了作物颗粒饱满之意,而是指雨水多的意思了。

"立夏小满正栽秧"、"秧奔小满谷奔秋",小满正是适宜水稻栽插的季节。沿长江江南早稻已进入分蘖后期或拔节始期,应及时烤田控制无效分蘖,保穗增粒促高产。中稻此时要争取早栽,以利增加养分的积累继而提高有效穗数。此时也正是苗期棉花的快速生长期,要及时定苗、移苗、补苗,以利早发健长。另外,沿江棉区,此时雨水较多,加之土壤黏重、通透性差,应勤中耕松土,以促根壮苗。

此时,淮河以北的黄淮、华北冬麦区,小麦已接近成熟的麦秋季节。同时,也是春播作物旺盛生长、夏播作物准备播种之时,自然也忙得不亦乐乎。不过,"小满"节后,上述地区的小麦就进入乳熟后期,最忌高温干旱天气。若在此时出现30℃以上的日平均气温和低于30%的空气相对湿度,并伴有每秒3米以上风速的"干热风"天气,就会给小麦造成严重影响。所以,就有了"麦怕四月(指农历)风,风后一场空"、"小满不满,麦有一险"等地方农谚。这也意味着对麦田管理应采取有针对性的措施,加强"干热风"灾害的预测防御,减轻"干热风"对小麦的危害。

对北方的果树而言,此时正进入第一次果实膨大期,"小满"节令期间,气温高、蒸发蒸腾量大,易出现初夏旱导致落果或致使花芽分化受阻。因此,要适时补水防旱。

另外,此时也是西北高原收获被誉为"软黄金"的羊绒的时期。在抓紧采绒的同时,还要注意天气变化,谨防早采使山羊受到强低温天气的影响,如流行于西北的农谚"小满温和春意浓,……抓绒剪毛防冷风",就说明采绒时要兼顾防冷。

10. 菱放榴红是"芒种"

每年的6月6日前后,太阳到达黄经75度时,交"芒种"节气。按《月令七十二候集解》云:"五月节,谓有芒之种谷可稼种矣。"可见"芒种"之意有二:"芒"指麦类等有芒植物的收获;"种"指谷黍类作物播种的节令。"芒种"二字谐音,表明一切作物都在赶忙种了。

在一些农历书中，对"芒种"的记载更为明白，比如"斗指巳为芒种,此时可种有芒之谷,过此即失效,故名芒种也"。按现在的话,就是"芒种"节气最适合播种有芒的谷类作物,如晚谷、黍、稷等。"芒种"也是农作物种植时机的分界点,过了这一节气,农作物的成活率就越来越低。农谚"芒种忙忙种","过了芒种,不可强种",说的就是这个道理。

按气候学上划分四季的标准看,"芒种"前后,全国大部分地区为孟夏、仲夏之交时节。不过此时的长江中下游地区开始进入梅雨期,雨水多、雨量大、日照少,有时还伴有低温,这也是长江中下游地区最具特点的季节。

进入"芒种"节令,我国绝大部分地区的农业生产都处于"夏收、夏种、夏管"的"三夏"大忙季节。所言忙收,是因麦已成熟,若遇连阴雨天气,甚至冰雹灾害,会使小麦无法及时收割、脱粒而导致倒伏、落粒、穗上发芽、烂麦场等。致使眼看到手的庄稼毁于一旦,怎能不让人揪心。"收麦如救火,龙口把粮夺"的农谚,就说明麦收季节的紧张氛围,必须抓紧一切有利时机,抢割、抢运、抢脱粒。

所言忙种,是因夏种作物如夏大豆、夏玉米等可生长期有限,为保证到秋霜发生前收获,须尽量提前播种或栽插,方能取得较高产量,所以农谚有"春争日、夏争时"、"芒种栽薯重十斤,夏至栽薯光根根"、"种豆不怕早,麦后有雨赶快搞"之说。麦收以后应抓紧抢种抢栽,时间就是产量,即使遇上干旱,也要积极抗旱造墒播种,切不可消极等雨,错过时机。

所言忙管,是因"芒种"节气后,雨水渐多,气温已高,春种的庄稼如棉花、春玉米等已进入需水需肥与生长高峰,不仅要追肥补水,还需除草和防病治虫。否则,病虫草害、干旱、渍涝、冰雹等灾害同时发生或交替出现,春种庄稼轻则减产,重则绝收。此时节,南方的双季晚稻,要特别注意稻蓟马等病虫的防治。东北、西北地区的雨水仍然不多,冬、春小麦要适时浇水追肥,作好生长后期的管理。

"芒种芒种,样样都忙",为不误"芒种"这个至关重要的节时,长期以来,农人们还总结了许多农谚俚语。反映长江流域农事情况的有"栽秧割麦两头忙","芒种打火夜插秧","芒种前三日秧不得,芒种后三日秧不出","芒种插的是个宝,夏至插的是根草"。反映黄淮流域农事活动的有"小满割不得,芒种割不及","芒种前,忙种田;芒种后,忙种豆"。在贵州则强调"芒种不种,再种无用"。在西北地区,则流行"芒种雨少气温高,玉米间苗和定苗,糜谷荞麦抢墒种,稻田中耕勤除草。"……这些先人智慧的结晶,至今在各地的农业生产中仍有着重要的指导、借鉴作用。

另外,我国的端午节多在芒种日的前后,民间有"未食端午粽,破裘不可送"的说法。此话告诉人们,端午节没过,御寒的衣服不要脱去,以免受寒。在江西有谚语云:"芒种夏至天,走路要人牵;牵的要人拉,拉的要人推。"反应的是夏天人们的通病——懒散。其原因是夏季气温升高,空气中的湿度增加,体内的汗液无法通畅地散发出来,即热蒸湿动,湿热弥漫空气,人身之所及,呼吸之所受,均不离湿热之气。所以,暑令湿胜必多兼感,使人感到四肢困倦,萎靡不振。因此,"芒种"节气,不但要搞好雨期的田间管理,更要注意增强体质,避免季节性疾病和传染病的发生,如中暑、腮腺炎、水痘等。

因此,"芒种"时节的养生重点要与当时的气候特征相适应,精神方面应该使自己保持轻松、愉快的状态,切不可恼怒忧郁。起居方面,要晚睡早起,适当接受阳光照射,中午小睡一会儿不仅能缓减疲劳,更有利于健康。

11. 日长至极到"夏至"

每年的 6 月 21 日或 22 日,太阳到达黄经 90 度,交"夏至"节气。这个节气最早在公元前 722 到公元前 481 年的春秋时代就已确立了。科学地说,夏至这天,太阳直射地面的位置到达一年的最北端,几乎直射北回归线(北纬 23 度 27 分)。北半球的白昼达到最长,且越往北越长。如海口市这天的日长约 13 小时多一点,杭州市为 14 小时,北京约 15 小时,而黑龙江的漠河则可达 17 小时以上。夏至以后,阳光直射地面的位置逐渐南移,北半球的白昼日渐缩短。民间素有"吃过夏至面,一天短一线"的说法。

"夏至"以后,除青藏高原、东北和内蒙古大部、云南部分地区等常年无夏区外,我国各地日平均气温一般都升至 22℃以上,为物候学上真正的夏季。在民间,人们把夏至后的 15 天分成 3"时",一般头时 3 天,中时 5 天,末时 7 天。此时较高的气温与充足的光照使得水稻等夏作物生长十分旺盛,使得作物对水肥的需求量也高。"稻谷要喝夏至水"、"夏至有雨,仓里有米","夏至雨点值千金","夏至有了雨,好比秀才中了举"等农谚,正说明了这时充足的水分对作物生长的极端重要性。《荆楚岁时记》中就有记载:"六月必有三时雨,田家以为甘泽,邑里相贺。"可见,一千多年前的先人,对"夏至"降雨的重要性已有清楚的认识。

此时节,长江中下游地区在正常年份正处于"梅天下梅雨"的梅雨期,黄淮平原则处于"云来常带雨"的雨季,这就为此季作物创造一个水热同季的有利环境。农谚所言"夏至不热,五谷不结","人在屋里热得跳,稻在田里哈哈笑",表明的就是光和热对庄稼的重要作用。但有的年份,也会遇降雨过少的"空梅"、"少梅",以及"迟梅"现象,常给作物造成旱灾。但多雨致涝或长期阴雨寡照,对庄稼的生长发育也不利,尤其是暴雨还可能导致洪涝灾害,其危害就更大了。所以,在古代,完全靠天吃饭的劳动人民对"夏至"这个节气一直就很重视,尤其十分关心"夏至"期间的天气。他们从千百年的生产实践中,总结出许多具有实用意义的谚语,用于指导农事活动,如"夏至棉田草,胜似毒蛇咬"等。

就农事而言,"夏至"前后,淮河以南早稻抽穗扬花,田间水分管理要足水抽穗,湿润灌浆,干干湿湿,既满足水稻结实对水分的需要,又能透气养根,保证活熟到老,提高子粒重。俗话说:"夏种不让晌",夏播工作要抓紧扫尾,已播的要加强管理,力争全苗。出苗后应及时间苗定苗,移栽补缺。"夏至"时节各种农田杂草和庄稼一样生长也很快,不仅与作物争水争肥争阳光,而且是多种病菌和害虫的寄主。因此,抓紧中耕锄地是"夏至"时节极重要的增产措施之一。棉花一般已经现蕾,营养生长和生殖生长两旺,要注意及时整枝打杈,中耕培土,雨水多的地区要做好田间清沟排水工作,防止渍涝和暴风雨的危害。

另据记载,远在中秋、重阳两个大节尚未出现以前,人们就已开始过"夏至"了。其风俗有祭祀、贴门饰、食百家饭等。如汉人崔寔在《四民月令》中云:"夏至之日,荐麦鱼于祖祢。"其祭祀的目的,是感谢神灵保佑已获得了夏粮的收成,并祈求神灵、祖宗保佑获取秋作物的丰产丰收。而食百家饭之俗,意为体内可集百家之正气,足以抵抗就要来到的暑邪。

俗语又云:"不过夏至不热"。盖因"夏至"以后,虽太阳直射点逐渐南移,但地表接收的太阳辐射热仍比地面反辐射放出的热量多,气温仍会继续升高,故"夏至"并不是最热的时节。而是自"夏至"起,暑热就一天天的到来了。所以,在我国许多古书中,记载着一些大同小异的"夏九九歌",描述了"夏至"后从开始热到最热,再逐渐转凉这一气温随时间变化的一般规律。

因此,"夏至"之时,不仅农事繁忙,而且还应考虑盛夏季节的防暑降温工作。

12. 蝉噪高阳要"小暑"

每年7月7日前后,太阳到达黄经105度时,交"小暑"节气。《月令七十二候集解》云:"六月节……暑,热也。就热之中分为大小,月初为小,月中为大,今则热气犹小也。"可见"小暑"是反映天气炎热程度的节气。说的是"小暑"为小热,还不十分热。节令至此,全国绝大部分地区日平均气温已在25℃上下,进入人们常说的"伏天"。"伏天"分为头(初)伏、中伏、末伏,是二十四节气之外的杂节气,也是古时为利于安排农事活动而对炎热季节的一种划分。

"小暑"前后,除东北与西北地区正收割冬、春小麦等作物外,全国大部分地区的夏秋作物,得益于此时节较高的气温、丰沛的雨水、充足的光照,都进入生长最为旺盛的时期,此时的农田管理的也进入了较为繁忙的时期。这从各地流行的农事谚语可窥一斑。如"头伏萝卜,二伏菜,三伏里头种白菜","小暑大暑,抢插红薯","小暑前大暑后,庄稼老头种绿豆"。

"小暑"时节,早稻处于灌浆后期,早熟品种"大暑"前就要收获,要保持田间干干湿湿。中稻已拔节,进入孕穗期,应根据长势追施穗肥,促穗大粒多。单季晚稻正在分蘖,应及早施好分蘖肥。双季晚稻秧苗要防治病虫,于栽秧前5～7天施足"送嫁肥"。"小暑天气热,棉花整枝不停歇",大部分棉区的棉花开始开花结铃,生长最为旺盛,在重施花铃肥的同时,要及时整枝、打杈、去老叶,以协调植株体内养分分配,增强通风透光,改善群体小气候,减少蕾铃脱落。盛夏高温亦是蚜虫、红蜘蛛等多种害虫盛发的季节,适时防治病虫,是田间管理的又一个重要环节。

"小暑"开始,江淮流域梅雨先后结束,我国东部淮河、秦岭一线以北的广大地区受东南季风影响进入雨季,降水明显增多,且雨水较为集中;华南、西南、青藏高原也处于西南季风影响中,雨量也较为丰沛。农谚"小暑大暑灌死老鼠"说的就是这种情况。

但此时节长江中下游地区一般为副热带高压控制下的高温少雨天气,常常出现的伏旱对农业生产影响很大,及早蓄水防旱显得十分重要。农谚"伏天的雨,锅里的米"和"小暑不受旱,一亩打几石",说的都是此时雨水的重要性。

进入"小暑"节气也就入了伏,虽为雨季,但受季风气候影响,常常是不雨成旱,人望其降;久雨为患,人祷其去。俗语"三日不雨小旱,五日不雨大旱"正是对华北、黄淮地区此时节气候特点的最好反映。此时发生旱灾,会对进入发育旺期的水稻、棉花、玉米、大豆、红薯甚至果树等造成严重危害,尤其在农田水利较为落后的古代,其危害就更为严重了。家喻户晓的民谣"赤日炎炎似火烧,野田禾稻半枯焦……",就是对农田遇旱情形最为形象的描述。所以,"人间辛苦是三农,要得一犁水足望年丰"("三农"在这里指春耕、夏耘、秋收),此时节的雨水状况是农人最为关心的。经过千百年的观察、体验,我国劳动人民总结出不少预测雨水的气象谚语,如"淋了小暑头,四十五天不放牛","小暑南风伏里旱","头伏三场雾,下雨等白露","小暑起燥风,日夜好晴空","小暑一声雷,黄梅去又回"等。这些谚语至今在一些尚不发达的农村,仍有一定的借鉴作用。

顺便提及一下,这段时间是我国南方大部分地区雷暴最多的季节。雷暴常与大风、暴雨相伴出现,有时还有冰雹,容易造成灾害,要注意预防。对于蔬菜生产来说,尤其要防御热雷雨的危害。目前,最好的办法是雨后很快浇水,采用喷灌效果更好。灌溉用水最好是井水或冷水塘的水。

13. 酷热之极是"大暑"

每年7月23日或24日,太阳到达黄经120度时,交"大暑"节气。"大暑"与"小暑"一样,都是反映夏季炎热程度的节令,"大暑"表示炎热至极。

"大暑"节以后的半个多月,正是热中之热的"中伏"时期。从多年平均气温看,我国大部分地区一年中最热的日子也多在7月下旬。如全国最热的地区长沙和杭州,此时期的日平均气温就都在30℃以上。而绝对最高气温则出现在吐鲁番盆地,1942年"大暑"期间气温曾高达47.8℃,这是世界上少有的高温记录了。

进入"中伏"的"大暑"节气,雨水多、湿气重、气温高,一般晴天的日子,人如在火堆旁,火烧火燎的;但遇雨过转晴又似坐闷罐,更加难熬,动辄便会汗流浃背、挥汗如雨,这种情形在长江中下游地区尤甚。在这种天气状况下,人体的肠胃蠕动减弱、新陈代谢却加快,人体水分和养分消耗多,加之湿热空气的刺激,睡眠难以保证。因此,这一时期人们常常食欲不振,困乏无力,甚至头晕恶心,这就是所谓的易出现中暑的"苦夏"了。

现代气象科学表明,一般在日最高气温高于35℃的炎热日子里(气象上称为"炎热日"),中暑的人明显增多。而当日最高气温达37℃以上时(气象上称为"酷热日"),中暑的人数会急剧增加。特别是在副热带高压控制下的长江中下游地区,骄阳似火,风小湿度又大,更叫人感到闷热难当。长江沿岸的"三大火炉"——南京、武汉和重庆,每年的"炎热日"平均达17～34天之多,"酷热日"也有3～14天。其实,比"三大火炉"更热的地方还很多,如安庆、九江、万县等,其中江西的贵溪、湖南的衡阳、四川的开县等地,全年平均"炎热日"都在40天以上,整个长江中下游地区就是一个大"火炉",做好防暑降温工作尤为重要。

古诗云:"暑气多夭,寒气多寿。"清代文人李笠翁在《闲情偶寄·颐养部》中也云:"盖一岁难过之关,惟有三伏,精神之耗,疾病之生,死亡之至,皆由于此。故俗语云'过得七月半,便是铁罗汉'非虚语也。"两者之意,均在提醒人们,在伏天不可过于劳神役形。千百年来,深知酷暑对人之侵害的古人,还总结出许多防暑办法。自魏晋以来,民间就有伏天吃面的习俗。俗传,用新收获的小麦磨成面粉,做汤饼吃,可以解暑热。至今,无论南方北方,还是城市乡村,都有伏天吃凉粉、凉面的习惯。用豌豆面或荞麦面,做成凉粉、凉面,煮熟后于深井水里浸泡,后拌芝麻酱、香醋、蒜泥之类,吃起来清香可口,确可解暑提神。不过,现代都市生活,已今非昔比,空调、风扇、各种冷食的出现,为现代人轻松度夏提供了保障,"苦夏"已不再可畏,只要注意劳逸结合就可以了。

不过,酷热也并非都是坏事。正如民谚所云:"该热不热,五谷不结","大暑穿棉袄,收成不会好"。因此,风雨雷电,寒来暑往,自然界的这些规律性的变化,人和万物都离不开,也左右不了,只是过则成灾,适宜为福。

"大暑"后的伏日里,各种夏作物,如夏玉米、夏大豆、棉花、甘薯、水稻等,在雨热同期的气候条件下,生长发育最为旺盛。但如前所述,此时节除炎热之极外,也是气候变化最为剧烈的时期,程度不同的水旱、雷电、冰雹等会相继发生,会造成或大或小的危害。因此,农田管理决不能放松,须细心为之,方能为该季庄稼取得好收成打下基础。

"禾到大暑日夜黄"。我国双季稻种植区,一年中最紧张、最艰苦、顶烈日战高温的"双抢"战斗已拉开了序幕。俗话说"早稻抢日,晚稻抢时","大暑不割禾,一天少一箩",适时收获早稻,不仅可减少后期风雨造成的危害,确保丰产丰收,而且可使双季晚稻适时栽插,争取足够的生长期。一般在7月底以前栽完,最迟不能迟过立秋。流行于福建省的一些俚语,就说得更为清楚了,"七月小暑大暑连,夏收夏种要抢先,选种积肥防风涝,抢收快种保丰年"。

"大暑天,三天不下干一砖"。酷暑盛夏,水分蒸发特别快,尤其是长江中下游地区正值伏旱期,旺盛生长的作物对水分的需求更为迫切,真是"小暑雨如银,大暑雨如金",棉花进入花铃期,大豆开花结荚,都是需水的高峰期,遇旱易导致落花落铃和落荚,要注意灌溉补水。黄淮平原的夏玉米,一般已拔节孕穗,即将抽雄,是产量形成最关键的时期,要严防"卡脖旱"的危害,"三伏不受旱,一亩收一担","伏天有雨盆成米"……都是言伏天多雨对作物增产的重要性的。

14. 蝉声渐断"立秋"至

每年8月8日前后,太阳到达黄经135度时,交"立秋"节气。"立秋"三候的景象为:"一候凉风至,二候白露生,三候寒蝉鸣"。"秋"指暑去凉来,意味着秋天的开始。"立秋之日凉风至","早晨立了秋,晚上凉飕飕",明确把"立秋"与天凉联系起来。

"立秋"不仅表示秋天的开始,也预示着草木开始结果孕子,收获季节到了。从字面上解,"秋"从禾与火,其含义实际上就是庄稼快成熟的意思。古历书写得很清楚,"斗指西南维为立秋,阴意出地始杀万物,按秋训示,谷熟也"。在山西榆次,就有"立了秋,挂锄钩,消消闲,等秋收"的农谚。

不过,按照现代气候学划分四季之标准,下半年日平均气温稳定降到22℃以下为秋季开始,除常年皆冬和春秋相连无夏区外,我国很少有在"立秋"节气就进入秋季的地区。秋来得最早的黑龙江和新疆北部地区,也要在8月中旬才进入秋季。一般年份里,北京9月中旬开始入秋。10月上旬秋风吹至浙江丽水、江西南昌、湖南衡阳一线。当秋的脚步踏上"天涯海角"的海南省时,已快到新年了。

"立秋"是夏秋之交的重要时刻,是收获的季节。谚语"立秋三天遍地红"的"红"字,即是庄稼成熟之意。所以,自古人们一直很重视这个节气。《礼记·月令》中记载,立秋日的前二天,太史便要谒告天子某日为立秋,天子于是开始斋戒。到了"立秋"日,便亲率三公九卿及诸侯大夫,到西郊九里之处设坛迎秋(即"郊祀"),迎秋回来后,天子要犒赏三军将士。又据记载,宋时"立秋"这天,宫内要把栽在盆里的梧桐树移入殿内,等"立秋"时辰一到,太史官便高声奏道:"秋来了!"奏毕,梧桐树应声落下一两片叶子,以寓报秋之意。

民间于"立秋"日,妇女们以石楠红叶剪刻花瓣插于鬓边,并用红布剪成葫芦形,缝在孩子后裾上,用以祛疾病。识字的人则在大红纸上写"今日立秋,百病俱休"几个欢快的字,贴在墙壁上。

在江苏盐城北部地区,还有"摸秋"之俗。即于"立秋"之夜,人们可以在私人或集体的瓜园中摸回各种瓜果,俗称"摸秋"。丢了"秋"的人家,无论丢多少,也不追究。此俗相传始于元代,还有一个感人的故事呢。据传,在元末,淮河流域出现了一支农民起义军,参加起义队伍的将士都是农民出身,他们饱受元军的兵燹之苦,对兵扰深恶痛绝。这支队伍纪律严明,所到之处,秋毫不犯。一天,这支起义军转移到淮河岸边,深夜不便打扰百姓,便旷野露天宿营。少数士兵饥饿难忍,在田间摘了一些瓜果充饥。此事被主帅发觉,天明便准备将那几个治罪。村民们得知后,纷纷向主帅求情,设法开脱士兵的过错,有一老者随口说道:"八月摸秋不为偷"。那几个士兵因此话而获赦免,那天恰好是立秋节,从此便留下了"摸秋"之习俗。如此等等,都表现了秋天给人们带来的喜悦和安然。

的确,在一年四季之中,秋天应该说是最为宜人的了。正是"乳鸭啼散玉屏空,一枕新凉一扇风"。不冷不热,秋高气爽。但美妙的秋风,在给人们带来无限惬意的时候,也易使刚走出暑气的人着凉。于是,为了适应季节的变换,人们想出了种种对策。

从唐宋时起,就有"立秋"日用秋水服食小赤豆的风俗。取用 7～14 粒小赤豆,以井水吞服,服时要面朝西,这样据说可以一秋防痢疾。到了清朝,民间流行在"立秋"这天,以悬秤称人,将体重与"立夏"时对比来检验肥瘦,体重减轻叫"苦夏"。那时人们对健康的评判,往往只以胖瘦为标准。瘦了当然就要"补",办法就是"贴秋膘",吃味厚的美食佳肴。一般首选吃肉,"以肉贴膘"。这一天,普通百姓家吃炖肉,讲究一点的人家吃白切肉、红焖肉,以及肉馅饺子、炖鸡、炖鸭、红烧鱼等。

俗传在河北、天津一带,"立秋"这天,家家事先买好西瓜,晚饭后围而食之,谓之"咬秋"。据《津门杂记》载:"立秋之日食瓜,曰咬秋,可免腹泻。"此俗提醒人们,秋凉了,要注意添衣和饮食,防止着凉生病。清时,人们在"立秋"前一天把瓜、蒸茄脯、香糯汤等放在院子里晾一晚,于"立秋"当日吃下,为的是清除暑气、避免痢疾。在杭州一带还流行食秋桃之俗。即"立秋"时,大人小孩都要吃秋桃,每人一个,吃完把核留起来,待到除夕这天,把桃核丢进火炉中烧成灰烬,人们认为这样就可以免除一年的瘟疫。在四川东、西部还流行喝"立秋水"之俗呢,即在"立秋"正刻,全家老小各饮一杯,据说可消除积暑,秋来不闹肚子。

"秋后一伏热死人"。"立秋"前后我国大部分地区气温仍然较高,各种农作物生长旺盛,中稻开花结实,大豆结荚,玉米抽雄吐丝,棉花结铃,甘薯薯块迅速膨大,对水分要求都很迫切,此期受旱会给农作物收成造成难以补救的损失。所以有"立秋下雨万物收","立秋三场雨,秕稻变成米","立秋雨淋淋,遍地是黄金"之说。双季晚稻生长在气温由高到低的环境里,必须抓紧当前温度较高的有利时机,追肥耘田,加强管理。此时也是棉花保伏桃、抓秋桃的重要时期,"棉花立了秋,高矮一齐揪",除对长势较差的田块补施一次速效肥外,打顶、整枝、去老叶、抹赘芽等要及时跟上,以减少烂铃、落铃,促进正常成熟吐絮。

茶园秋耕要尽快进行,农谚说:"七挖金,八挖银",秋挖可以消灭杂草,疏松土壤,提高保水能力,若再结合施肥,可使秋梢长得更好。"立秋"前后,华北地区的大白菜要抓紧播种,以保证在低温来临前有足够的生长量,争取高产优质。否则,播种过迟,生长期缩短,菜棵生长小且包心不坚实。

"立秋"时节,也是多种作物病虫害的高发期,如水稻三化螟、稻纵卷叶螟、稻飞虱、棉铃虫和玉米螟等,要加强预测预报和防治。北方的冬小麦播种也即将开始,应及早做好整地、施肥等准备工作。

古人认为,春夏是万物滋育生长的季节,秋冬是肃杀蛰藏的季节。这是宇宙的秩序和法则,必须顺应天意,顺乎四时。因此,"立秋"后,也就进入了肃杀的季节,"秋后算账"一词就由此演化而来。在古时,"立秋"以后,法官们要对有冤情的给予平反,对罪证确凿的执行"秋决";将士们则要开始勤操战技,准备作战。由此可见,"立秋"日为何种天气就十分重要。当然了,进入生长后期的庄稼,自然与天气好坏紧密关联,以农为本的农人,对此时和未来的天气就十分关心。常言说,风来雨就来。是的,风是预测未来天气变化的主要信号。这不,先人们总结的农谚就云"秋前南风雨潭潭","秋前北风秋后雨;秋后北风干河底"。用"立秋"景象预测未来收成的谚语还有"雷打秋,冬半收","七月秋样样收,六月秋样样丢","立秋晴一日,农夫不用力"。前一条说的是,立秋日如果听到雷声,冬季时农作物就会歉收。后一条是说,如果立秋日天气晴朗,必定可以风调雨顺地过日子,农事不会有旱涝之忧,可以坐等丰收。

15. 暑止风凉到"处暑"

每年8月23日前后,太阳到达黄经150度时交"处暑"节气。"处"含有躲藏、终止的意思。据考证,"处暑"一词,在我国2000年前成书的《国语》中就出现了,且明确是指气温的。后在西汉淮南王刘安的《淮南子·天文训》中,已将"处暑"列入二十四节气之中,可见其由来已久。按《月令七十二候集解》:"七月中,处,止也,暑气至此而止矣。"也即炎热暑气至此将退隐。因而,"处暑"既不同于前述的"小暑"、"大暑",也不同于后面要说的"小寒"、"大寒"节气,而是代表气温由炎热向寒冷过渡的节气。

节令到了"处暑",气温进入了显著变化阶段,逐日下降,已不再暑气逼人。节令的这种变化,自然也在农事上有所反映。古人留下的大量具有实用价值的谚语,如"一场秋雨一场凉","立秋三场雨,麻布扇子高搁起","立秋处暑天渐凉"等,就是对"处暑"时节气候变化的直接描述。

"处暑"时节,由于夜寒昼暖,作物白天吸收的养分到晚上贮存,因而庄稼成熟很快。"处暑禾田连夜变"(山西);"处暑三日无青谷"(山东);"处暑三朝稻有孕"(浙江);"处暑满田黄,家家修廪仓"(湖北);"处暑不处暑,七月十五吃稻黍"(河南)等,都说明"处暑"后作物很快就要收获了。但没有按时播种的庄稼,就要受到大自然的惩罚,"处暑花,不回家","处暑不出头,割得喂了牛"。说明误了农时,不论棉花,还是粮食作物都不会有收成。这也许就是常言说的"人误地一时,地误人一年"吧!

"处暑"前后,我国中部、东部和南部的广大地区,日平均气温仍在22℃以上。民间常说的"秋老虎"、"秋辣子",即指此时若遇气候异常年份,秋热仍较甚,中午前后的气温仍可达35℃以上。俗谚"秋老虎,毒如虎"正提醒着人们,秋天还会有热天气。

所谓"秋老虎"是"立秋"以后天气的短期回热现象。气象学表明,形成"秋老虎"的原因是,控制我国的西太平洋副热带高压秋季逐步南移,但又向北抬,在该高压控制下,晴朗少云,日射强烈,气温回升。这种回热天气欧洲称之为"老妇夏"天气,北美人称之为"印第安夏"天气。

由于我国地域辽阔,"秋老虎"的表现略有不同,如华南的"秋老虎"要比长江流域的来得迟,一般约推迟三个节气。另外,每年"秋老虎"控制的时间有长有短,半个月至 2 个月不等。有时"秋老虎"来了去,去了又回头。"秋老虎"天气,虽然气温较高,但总的来说空气干燥,阳光充足,早晚不是很热,不至于热得喘不过气来。

但总的来看,"处暑"期间的气候特点是,白天热早晚凉,昼夜温差大,降水少,空气湿度低。在这样的环境下,人易出现口鼻干燥、咽干唇焦的燥症。因而,衣服不要加得太多,忌捂,但也不能过凉。所以,饮食起居均要调剂周到。

不过,较大的温差,却是各种秋庄稼生长发育所需要的。这种温差十分有利于作物体内干物质的形成和积累。因此,"处暑"以后,各种庄稼成熟得格外快。此时,晚稻正值圆秆,甘薯薯块正膨大,夏玉米、高粱陆续可收,棉花吐絮日渐丰盛;苹果、梨子等也正值最后的膨大定型期。因而,此时是决定秋庄稼收成的关键期,自然对水分需求量也相对偏多。正如谚语所云:"处暑不浇苗,到老无好稻","千浇万浇,不如处暑一浇","处暑雨如金"等。

当然了,在充足水分供应的基础上,为庄稼提供大量的肥料,也是增产增收的关键。因此,此时适时施肥以及田间管理均不可放松乃至错过。

16. 露凝而白"白露"降

每年 9 月 8 日前后太阳到达黄经 165 度时,交"白露"节气。"白露"是反映自然界气温变化的节令。露是"白露"节气后特有的一种自然景象。此时的天气,正如《礼记》中所云的:

"凉风至,白露降,寒蝉鸣。"据《月令七十二候集解》对"白露"的诠释——"水土湿气凝而为露,秋属金,金色白,白者露之色,而气始寒也。"古人在《孝纬经》中也云:"处暑后十五日为白露,阴气渐重,露凝而白也。"其实,气象学表明:节气至此,由于天气逐渐转凉,白昼阳光尚热,然太阳一归山,气温便很快下降,至夜间空气中的水汽便遇冷凝结成细小的水滴,非常密集地附着在花草树木的绿色茎叶或花瓣上,呈白色,尤其是经早晨的太阳光照射,看上去更加晶莹剔透、洁白无瑕,煞是惹人喜爱,因而得"白露"美名。

然而世上没有绝对的美和丑、对与错。露珠,当然也无法例外。它一方面给人以美的享受,但另一种寓意却是人们极不喜欢的,那就是俗语借助"露水见不得太阳"之意所说的"露水夫妻"了。

不过,万物皆有用。讲究实用性的古人,很早就发现露珠对人体健康大有裨益。在民间,俗信取露水拭目能使眼睛明亮。我国最早的记载,当属屈大夫"朝饮木兰之坠露兮"句。李时珍《本草纲目》中云:"百草头上秋露,未晞时收取,愈百病,止消渴,令人身轻不饥,肌肉悦泽。"据传,美人杨贵妃,每当夜晚酒醉,清晨醒来,必走至后花园,攀花树之枝,吮吸花露,因酒而燥热之肺才能得以缓解。由此看来,如今一些美容护肤与保健饮料生产商,热衷于将产品冠名为这露那露的原因之一,大概即在此。

现代版《中国医学大辞典》上,也白纸黑字说得明白:露本阴凉之液,又得荷叶之清气,故能养阴扶阳,滋益肝肾、去诸经之火,甚为有效。据记载,在罗马帝国时代,"喝下一大罐新鲜的露水",是当时处方开头颇为流行的文字。看来,对万物实用性的追求,中外皆同。

露水虽对人体康健有不少益处。不过,这种疗效的机理,似乎科学家至今仍然不解。一些对露水的研究,虽然至今尚未取得共识,但有一点已得到确认,即露水中含有的重水微乎其微、且露水的渗透性超乎想象。因此,在国外露水的利用已十分红火。如西方一些医学专家建议,在沾满露水的草坪上打滚,对健身、护肤极为有利。实践也已证明,用脱脂棉球蘸取露水,敷于眼睑,能很快消除眼睑浮肿。用露水浇花,尤其是名贵花卉,对其生长十分有利。不过,这里要说明的是,这些露水,应采自边远乡村未受污染的植物上。

话再说回来。节令至此,正当仲秋季节,气候一如春季,不仅花木依然茂盛,而且有的花的颜色较春天更艳,如木芙蓉、秋海棠、紫茉莉、鸡冠花、雁来红,特别是田野里迎风招展的荻花。古诗云:"日照窗前竹,露湿后园薇。夜蛩扶砌响,轻蛾绕烛飞。"此时天高云淡、气爽风凉,可谓是一年之中最可人的时节。但此时节,地球上的许多有生命的东西,会在萧瑟秋风中随之由荣而衰。不过,万物兴衰皆自然,天行有常,不以尧存,不为舜亡。

"八月雁门开,雁儿脚下带霜来",农历 8 月,正是公历 9 月的"白露"节,这时节,对气候最为敏感的候鸟,如黄雀、椋鸟、树鹨、柳莺、绣眼、沙锥、麦鸡,特别是大雁,便发出集体迁徙的信息,准备向南飞迁。起程佳期多在仲秋的月明风清之夜,好像给人传书送信——天气冷了,要收割的庄稼快收割吧,并备好寒衣,迎接"三秋"大忙季节的到来。

确实,在乡村,此时正是"秋风凉,庄稼黄"的季节。从农事看,"白露"节前后,农人正筹划着秋收与秋种。俗谚云:"八月白露又秋分,秋收种麦闹纷纷","白露雨弥弥,秋分稻秀齐","白露两旁看早麦,秋分前后无生田","杂粮种白露,一升收一斗"等,都是说秋收与秋种的重要性的。此时,我国从北到南,秋收秋种正在展开。虽然较忙较累,但农人脸上洋溢着丰收的喜悦。据传,在古时,农历八月为"大清明",而把三月称为"小清明"。三月"踏青"举行"春禊"活动,八月"辞青"有"秋禊"娱乐,男女老幼都到郊外观赏秋光。据福建一些县志记载:"白露"节还有祭扫坟墓的风俗。"踏青"、"辞青"都不忘祖宗,子孙乐也祝愿先人乐,这也是中华民族的美德之一。

17. 凉风碧空是"秋分"

每年9月23日前后,太阳到达黄经180度时,交"秋分"节气。"秋分"与"春分"一样,都是古人最早确立的节气。按《春秋繁露·阴阳出入上下篇》云:"秋分者,阴阳相半也,故昼夜均而寒暑平。""秋分"的意思有二:一是按我国古代以立春、立夏、立秋、立冬为四季开始划分四季,秋分日居于秋季90天之中,平分了秋季。二是此时一天24小时昼夜均分,各12小时。此日同"春分"日一样,"秋分"日,阳光几乎直射赤道,故古时又称为"宵中"。此日后,阳光直射位置南移,北半球昼短夜长。

按气候学上的标准,"秋分"时节,我国长江流域及其以北的广大地区,日平均气温都降到了22℃以下,为物候季上的秋天了。此时,来自北方的冷空气团,已具有一定的势力。全国绝大部分地区雨季已结束,凉风习习、碧空万里、风和日丽、秋高气爽、丹桂飘香、蟹肥菊黄等词语,都是对此时景象的描述。

"秋分"时节,也是农业生产的重要时期。"秋分"后,太阳直射位置开始南移,北半球得到的太阳辐射越来越少。然而,地面散失的热量却较多,气温下降的速度明显加快,所以有

"一场秋雨一场寒","白露秋分夜,一夜冷一夜"的农谚。

秋季降温快的特点使秋收、秋耕、秋种的"三秋"大忙显得格外紧张。范成大对此曾有诗云:"新筑场泥镜面平,家家打稻趁霜晴。笑歌声里轻雷动,一夜连枷响到明。"

"三秋"大忙,贵在"早"字。及时抢收秋收作物,可免受早霜冻和连阴雨的危害;适时早播冬作物,可争取充分利用冬前的热量资源,培育壮苗安全越冬,为来年丰产奠定基础。"秋分不露头,割了喂老牛",南方的双季晚稻正抽穗扬花,是产量形成的关键时期,低温阴雨形成的"秋分寒"天气,是双季晚稻开花结实的主要威胁,必须认真做好防御工作。

秋分棉吐絮,烟叶黄,正是收获的大好时节。因而,农谚也有"秋分收稻,寒露烧草","秋分无生田,不熟也得割","秋分前后割高粱"等说法。但华北地区则要播种冬小麦,长江流域以及南部广大地区,则要抢晴耕翻土地,准备油菜播种了。

据考证,我国很早就以"秋分"作为耕种的标志了。如汉代农业家汜胜之在其书中说:"夏至后九十天,昼夜分,天地气和,以此时耕,一而当五。名曰膏泽,皆得时功。"汉末崔寔也在《四民月令》中写到:"凡种大小麦得白露节可种薄田,秋分种中田,后十日种美田。"

不过,还是以地为生的古人,总结出的农谚、歌谣,更能说明秋分秋种的特点。如流行于山东的民谚云"秋分麦子正当时,寒露麦子如大盘";北京地区的民谚"白露早,寒露迟,秋分种麦正当时"。流行于福建当地的农事歌谣有"九月白露又秋分,抓紧田间不放松,果园茶地管理忙,牲畜配种好时光"。而在山西流行的农事歌谣则有"月初准备种麦事,中部中耕剪棉枝。秋收选种秋翻地,冬麦下种是机宜。选种积肥采树籽,齐头并进莫迟疑。"

这里,还要顺便说一下的是,"秋分"曾是传统的"祭月节"。如古有"春祭日,秋祭月"之说。现在的中秋节则是由传统的"祭月节"而来。据考证,最初"祭月节"是定在"秋分"这一天,不过由于这一天在农历八月里的日子每年不同,不一定都有圆月。而祭月无月则是大煞风景。所以,后来就将"祭月节"由"秋分"调至中秋。

18. 露气冷凝谓"寒露"

每年10月8日或9日,太阳到达黄经195度时,交"寒露"节气。"寒露"的意思,是此时期的气温比"白露"时更低,地面的露水更冷,快要凝结成霜了。如果说"白露"节气标志着炎热向凉爽的过渡,暑气尚不曾完全消尽,早晨可见露珠晶莹闪光。那么"寒露"节气则是天气转凉的象征,标志着天气由凉爽向寒冷过渡,露珠寒光四射,如俗语所说的那样,"寒露寒露,遍地冷露"。

不过这里要指出的是,寒露的露,并不是从天上落下的,它是近地面空气层中的水汽凝结成的小水珠,常出现在晴朗微风的夜晚,故农谚有"露重见晴天"之说。这是由于草木和地面上的物体辐射散热冷却较快,温度低于近地面的空气温度,近地面空气中的水汽,遇其便凝结成小水珠,附着其上。

从气候学上知,"寒露"以后,北方冷空气已经具有一定的势力。在正常年份,此时10℃的等温线,已南移到秦岭淮河一线。长城以北则普遍降到0℃以下,首都北京大部分年份,此时可见初霜。除全年飞雪的青藏高原外,东北和新疆北部地区一般已开始飘雪了。全国大部分地区在冷高压控制下,雨季结束,天气常是昼暖夜凉,晴空万里,一派深秋景象。对此,杜甫、李白曾有诗云:"玉露凋伤枫树林,巫山巫峡气萧森","人烟寒橘柚,秋色老梧桐"。

是啊,秋高气爽、日丽风清、星月交辉,依然是我国许多地区这一时期天气的主旋律。此时,南方的人们才开始享受凉爽的秋风,而北方的人们却已在领略深秋的凄美了。

此时节,我国大陆上绝大部分地区雷暴已消失,只有云南、四川和贵州局部地区尚可听到雷声。华北地区常常是干旱少雨,会给冬小麦的适时播种带来困难,成为旱地小麦争取高产的主要限制因素之一。遇旱时,应设法造墒抢墒播种,保证在"霜降"前后播完,切不可被动等雨导致早茬种晚麦。但这时田里的甘薯膨大已逐渐停止,应根据天气情况,抓紧收获,争取在早霜前收完,否则在地里经受低温时间过长,会因受冻而导致薯块"硬心",降低其食用、饲用和工业用价值,也不能贮藏或作种用。海南和西南地区,这时一般仍然是秋雨连绵,少数年份江淮和江南也会出现阴雨天气,对秋收秋种有一定的影响。江淮及江南的单季晚稻即将成熟,双季晚稻正在灌浆,要注意间歇灌溉,保持田间湿润。南方稻区还要注意防御"寒露风"的危害。

"寒露"前后,也是长江流域直播油菜的适宜播种期,品种安排上应先播甘蓝型品种,后播白菜型品种。淮河以南的绿肥播种,要抓紧扫尾,已出苗的要清沟沥水,防止涝渍。

"寒露不摘棉,霜打莫怨天"。这是流行于华北、西北产棉区的农谚。意思是说,在寒露前后几日里,要把棉花采摘完毕。否则,会受到霜冻灾害,造成损失。因为,在田里一经受冻,棉桃液汁结为冰晶,蛋白质沉淀,细胞内的水分外渗,致使原生质严重脱水变质,那时,棉桃的红水渗入棉絮,色泽变红,织成布不易上色,而且也不好看。

19. 风萧萧兮要"霜降"

每年的 10 月 23 日前后,太阳到达黄经 210 度时,交"霜降"节气。"霜降",表示天气更冷了,露水凝结成霜。"霜降"一词,最早见于《吕氏春秋》一书。在汉时《淮南子》中,已把"霜降"定为二十四节气之一。据《月令七十二候集解》云:"九月中,气肃而凝,露结为霜矣。"古籍《二十四节气解》中也说:"气肃而霜降,阴始凝也。"可见,"霜降"表示天气逐渐变冷,开始见霜了。如农谚就说:"霜见霜降,霜止清明。"

其实,白露为霜,古人早已洞悉。如在《诗经》中就有"蒹葭苍苍,白露为霜"的句子。此后,许多文人都写到这种自然现象。如曹丕在《燕歌行》中说:"秋风萧瑟天气凉,草木摇落露为霜。"

白露因何为霜呢?南宋诗人吕本中在《南歌子·旅思》中写道:"驿内侵斜月,溪桥度晚霜。"陆游在《霜月》中说:"枯草霜花白,寒窗月新影。",这都说明寒霜出现于秋天晴朗的月夜。秋晚没有云彩,地面上如同揭了被,散热很多,温度会骤然下降到 0℃ 以下,靠近地面不多的水汽就会凝结在溪边、桥间、树叶和泥土上,形成细微的微粒,或呈针状,或呈羽毛状,这便是霜了。所以,霜,只能在晴天形成,"浓霜猛太阳"说的就是这个道理。

一代伟人毛泽东对秋霜也很喜爱,这可从他的诗句中看到。如"鹰击长空,鱼翔浅底,万类霜天竞自由","万木霜天红烂漫,天兵怒气冲霄汉","一年一度秋风劲,不似春光,胜似春光,寥廓江天万里霜"等。

"霜降始霜",反映的是黄河流域的气候特征。就全年霜日而言,青藏高原的一些地方,即使在夏季也有霜雪,年霜日都在 200 天以上,是全国的霜日之最。而北纬 25 度以南以及四川盆地,全年仅有 10 天左右的霜日。福州以南及两广沿海地区,全年霜日则不足 1 天,是全国霜日最少的了。

不过,在气象学上,一般把秋季出现的第一次霜叫做"早霜"或"初霜",而把春季出现的最后一次霜称为"晚霜"或"终霜"。也有把早霜称为"菊花霜"的,因此时菊花盛开。对此,苏轼曾有诗云:"千树扫作一番黄,只有芙蓉独自芳。"

在人们的心目中,霜更多的倒是意味着肃杀。"霜降杀百草",严霜打过的植物,顿失生机。这是由于植株体内的液体,因霜冻结成冰晶,蛋白质沉淀,细胞内的水分外渗,使原生质严重脱水而变质。因此,霜是无情的、残酷的。并常被说成"严霜"、"霜剑"和"霜威"。正所谓"风刀霜剑严相逼"。

到了"霜降",东北和内蒙古地区日平均气温已降到 2~3℃,华北地区多在 10℃。此时,北方大部分地区已在秋收扫尾,即使是耐寒的葱,也不能再长了,因为"霜降不起葱,越长越要空"。而南方正处在"三秋"的大忙季节,单季杂交稻、晚稻才在收割,种早茬麦,栽早茬油菜;摘棉花,拔除棉秸,耕翻整地。"满地秸秆拔个尽,来年少生虫和病"。收获以后的庄稼地,都要及时把秸秆、根茬收回来,因为那里潜藏着许多越冬虫卵和病菌。

霜降时节,还是黄淮流域羊配种的好时候,农谚有"霜降配种清明乳,赶生下时草上来"。因此,要注意羊群管理。

当然了,农田水利建设也要及时展开。这就是农谚所说的"霜降立冬逢九月,兴修水利好时节"。

20. 万物收藏迎"立冬"

每年 11 月 7 日或 8 日,太阳到达黄经 225 度时,交"立冬"节气。我国古时民间习惯以"立冬"为冬季的开始,冬分孟冬、仲冬、季冬,即夏历的十、十一、十二3个月,统称为"三冬",3个月90天,故又称为"九冬"。其实,冬,是个气候概念,指气温较低的时节。

冬,较之于春的温煦,夏的炎热,秋的凉爽,给人的感受是寒冷。按《月令七十二候集解》云:"立,建始也。"又云:"冬,终也,万物收藏也。"这种描述是与黄河流域的气候规律相吻合的。然而,我国幅员辽阔,除全年无冬的华南沿海和终年无夏的青藏高原之外,各地的冬季并非都是在"立冬"日出现。按气候学上冬季开始的标志——连续5日平均气温降到10℃以下,那么我国最北的漠河及大兴安岭以北地区,9月上旬就走入冬季;首都北京于10月下旬才是一派冬天的景象;而长江流域的冬季则要到"小雪"节气前后,才能真正开始。

中华民族一向有着善始善终的传统,尤其是格外看重开头与结尾。从文献记载看,在上古时,就把"立冬"和"立春"看得同等重要,周代就形成了隆重的庆祝礼制:"是月也,以立冬。先立冬三日,太史谒之天子,曰:'某日立冬,感德在水。'天子乃斋。立冬之日,天子亲率三公九卿大夫迎冬于北郊。"迎冬回来,天子要赏赐为社稷而捐躯者的子孙,还要抚恤孤寡。《续汉礼仪志》记载:"立冬之日,夜漏未尽五刻,京都百官,皆衣皂,迎气于黑郊。"

在民间,冬初也有庆祝活动。《诗经·七月》记述:打扫空晒谷场之后,捧着两杯自酿的酒,宰杀一只羔羊,大家一起来到公堂,双手捧起牛角觥,齐祝公爷万寿无疆!谚语"立冬补冬,补嘴空",其意思是说,劳动了一年的人们,要利用"立冬"这一天休息一下,顺便犒赏一家人一年来的辛苦。在南方,人们在这一天爱吃些鸡鸭鱼肉。如在台湾,这一天,街头的"羊肉炉"、"姜母鸭"等冬令进补餐厅均是高朋满座,许多家庭还会炖麻油鸡、四物鸡来补充能量。在北方,则有吃倭瓜饺子的风俗。"立冬"时节,农家所备的倭瓜,一般是夏日购买的,多放置在小屋里或窗台上,经过长时间糖化,用来做饺子馅,其味道,既与大白菜有异,也与夏天的倭瓜馅不同。食时,蘸醋和蒜泥,那味道更是别有一番滋味。

至于"立冬"为什么吃饺子大概与下面两个方面有关。一方面,我国以农立国,极重视二十四节气。"节"者,草木新的生长点也。"立冬"的"立"字,表示开始的意思。所以,秋收冬藏,是要改善一下生活,打一下牙祭的,于是,就选择了"好吃不过饺子"。另一方面,古人认为瓜代表结实,如《礼记》中就有"食瓜亦祭先也"之说法。这大概就是"立冬"日北方食倭瓜饺子习俗的来源。

从气候上看,立冬时节,太阳已到达黄经225度,北半球获得的太阳辐射量越来越少。由于地表贮存的热量还有一定的剩余,所以,一般不太冷。晴朗无风之时,常有温暖舒适的"小阳春"天气,对冬作物的生长发育十分有利。对此,《农政全书》早有记载:"冬初和暖,谓之十月小春。"如大田小麦一面生长着一面"盘着墩",以此增强自身的抗逆力,以抵御即将到来的大风、严寒。但这时北方冷空气已具有较强的势力,频频南侵形成大风、降温,并常伴有雨雪,这种寒潮天气对未收获的蔬菜会造成影响。故民谚有"立冬不起菜,必定要受害"之说。

"立冬"以后,我国大部分地区降水显著减少,进入旱季。东北大地已经封冻,农作物进入越冬期,旷野里曾在夏天繁茂的树木,都脱去了绿衣,只剩下光秃秃的枝干。黄淮流域已是地净场光,江淮地区"三秋"已近尾声,须忙着抢种晚茬麦,抓紧移栽油菜。南方则正进入"三秋"大忙时候。"禾到立冬死，麦到谷雨黄"(广东)、"立冬不拔菜，终究受霜害"(广西)、"田要冬耕，儿要亲生"(福建)等,这些农谚无不说明"立冬"时节农事活动的重要性。

21. 乱玉碎琼是"小雪"

每年11月22日前后,太阳到达黄经240度时交"小雪"节气。"小雪"是指降水的形态。按《月令七十二候集解》云："十月中,雨下而为寒所薄,故凝而为雪。小者未盛之辞"。

"小雪"节气一到,就是"战退玉龙三百万、败鳞残甲满天飞"的飘雪时令了。据气象记录,北京、天津、济南、郑州、西安等地,初雪期均在11月下旬,即"小雪"节气前后。然而,东北、内蒙古、新疆北部等地,在此前一个月就下雪了。长江以南地区,一般则要在"小雪"后一个月才见初霜。这便是自然规律。

雪小,地面上又无积雪,这正是"小雪"这个节气的原本之意。《群芳谱》一书云："小雪气寒而将雪矣,地寒未甚而雪未大也。"说的是"小雪"节天气寒冷,降水形态由雨变成雪,但雪量不大。

雪花,其实是空气中的水汽,在0℃以下的气温环境中,凝结而成的冰晶。人们把雪称作"花",这已被现代科学观测所证实,雪花的形态确实像花一样漂亮。在放大镜下,每一片雪花都是一幅精美的图案,有的似晶莹的薄片,有的像白亮的银针,有的像一把张开的小扇,有的像夜空的星星……无论是柱状的、板状的、星状的,其基本形态都是六角形。这种整齐划一的六角形态,不愧为大自然神奇力量的杰作。古人很早就注意到了雪花的这种美。汉代韩婴在《韩诗外传》中就写道:"草木之花多五出,独雪花六出。"六出即六片花瓣。以后的许多诗文都沿用"六出"之说,如北周庾信有诗云:"雪花开六出,冰珠映九光。"唐人高骈在《对雪诗》中则说:"六出飞花入户时,坐看青竹变琼枝。"说一句很自豪的话,我国这一发现要比外国早一千七百多年呢,欧洲直到1611年才由开普勒发现雪花为六瓣。

人,生存于大自然的怀抱,情不自禁地歌咏自然事物,久已成习。今日,伏案吟咏古代歌谣,便可体会到人与自然浑然一体的情感。雾、露、雨、雪人们无一例外地加以歌咏。但歌咏最多的,要数咏雪了。这是因雪千尘不染,晶莹如玉,而且广被万物,无差无别。

种田的农人同样也爱雪。农人爱雪,因为雪可以滋养越冬作物,防春旱,冻死害虫,称雪为"谷之精"。这不,农人还总结出了一些谚语呢。如"小雪花满天,来岁必丰年"、"今年雪水多,明年麦子好"、"雪下三尺三,来年囤囤尖"、"瑞雪兆丰年"等等。这是农人千百年来经验的结晶,也是对"小雪"节气雪之作用的高度概括。目前,这些谚语对指导农事、预示丰年仍有着重要的意义。

22. 雪花纷纷降"大雪"

每年12月7日或8日,太阳到达黄经255度时,交"大雪"节气。按《月令七十二候集解》云:"十一月节,大者盛也。至此而雪盛也。""大雪"意味着天气更冷,降雪的可能性比"小雪"节时更大。按气象学上的标准,下雪时,水平能见度小于500米,24小时内的降雪量大于5毫米的雪称为"大雪"。

塞北之雪,笼盖四野,挟风裹沙,气势磅礴。江南之雪,姗姗曼舞,袅袅娜娜,情韵独特,仪态万千。雪,不愧为大自然奇妙的造化,是美丽纯洁的精灵。从咏雪诗史上看,每一个时代的人都咏雪,人们总是一面汲取前人的精华,一面创造自己的、富有个性的咏雪诗篇。毛泽东的《沁园春·雪》更堪称千古绝唱。

农人总结的谚语则云:"瑞雪兆丰年"。说的是雪对农作物有保温、保墒、杀虫等作用,能提高农作物产量。除此之外,雪还有一些奇妙的用处呢。雪水是能祛病健身、延年益寿的良药。李时珍《本草纲目》中就说"腊雪甘冷无毒,解一切毒。"《红楼梦》中也有"扫将新雪及时烹"的句子。在民间,人们常用冬天贮存的雪水搽痱子,治疗红眼病、皮肤烫伤、冻伤等,均有奇效。其次,降雪时雪从大气中吸收了大量的游离氮、液态氮、二氧化碳、尘埃和杂菌,这等于对污染的大气进行了一次"清洗"。另一方面,吸附在雪花中的含氮物质,随着积雪的融化而渗入土壤,与土壤中的一些酸化合成盐类,这便成了优质肥料。因而,雪是天然的环保卫士和天然的化肥。雪水中含有的重水比普通水少,也即比普通水更能促进作物的生长发育。所以,在新疆沙漠和青藏高原种植的瓜果蔬菜特别肥大壮硕,个中原因之一,就是灌溉的水是从天山和昆仑山上淌下来的雪水。

"大雪"时节,除华南和云南南部无冬区外,我国辽阔的大地均已披上冬日盛装。东北、西北地区平均气温已降至-10℃,黄河流域和华北地区气温也稳定在0℃以下。在气候正常年份,黄河流域及以北地区已有积雪出现,冬小麦已停止生长。江淮及以南地区的小麦、油菜仍在缓慢生长,要注意施好"腊肥",为安全越冬和翌年春季生长打下基础。华南、西南地区小麦已进入分蘖期,应结合中耕施好分蘖肥,并注意冬作物的清沟排水。此时,天气虽然较冷,但贮藏的蔬菜、薯类、瓜果要勤于检查,适时通风,不可将窖封闭太死,以免升温过高、湿度过大导致烂窖。应在不使贮藏物品受冻的前提下,尽可能地保持较低的贮藏温度、湿度。

23. 日南至极而"冬至"

每年12月21或22日,太阳到达黄经270度,交"冬至"节气。"冬至"日太阳直射南回归线,北半球昼短,夜最长。《恪遵宪度抄本》云:"日南至,日短之至,日影长至,故曰冬至。"可见古人对此早有认识。

"冬至",在很早以前就是一个古老而重要的节日了。"冬至"俗称"冬节"、"长至节"、"亚岁"等。早在2500多年前的春秋时代,我国已经用土圭观测太阳测定出"冬至"来了,它是二十四节气中最早确定出的一个。

古人说:"冬至一阳生",指的就是阴气到"冬至"时盛极而衰。相反,阳气则从此开始萌芽。可见,"冬至"起源于中国人的阴、阳观念。阴、阳象征生命的平衡与协调,古人相信"冬至"来临之时,正是"阴"的黑暗力量与阴寒本性最强烈的时候。与此同时,亦是极为重要的关键时刻,只因"阳"的光明与温暖将会逐渐取缔"阴"的极寒本性。如杜甫就有诗云:"天时人事日相催,冬至阳生春又来"。因此,"冬至"又是一个协调与和谐的欢乐时刻,同时坚信,冬至是阴阳二气的自然转化,是上天赐予的福气。

如此相沿开来,"冬至"便成为我国农历中一个非常重要的节气,并演变为一个传统节日。据考证,远在周代,以十一月为正。秦沿其制,以"冬至"日为岁首,称之"过小年"。汉朝时,以"冬至"为"冬节",官场行"贺冬"之仪,如《汉书》中就记载:"冬至阳气起,君道长,故贺。"意思是说,过了"冬至",白昼一天比一天长,阳气回升,是一个节气循环的开始,也是一个吉日,应该庆贺。

魏晋六朝时,称"冬至"为"亚岁"。是日,国君受万国及百僚的称贺,其仪礼亚于正旦,并有献袜履之仪,以示迎福践长。如《三国志》记载,曹植在冬至日,向其父曹操献鞋献袜若干并专门上表称贺。南北朝时,此节礼仪更重于前,且有拜父、拜母之礼;在民间还有食赤豆粥,以避邪、卜壬日之俗。如《荆楚岁时记》所云:"共工氏有不才之子,以冬至死为疫鬼,畏赤小豆。故冬至日做赤豆粥,以禳之。"

至唐宋,便以"冬至"和"岁首"为重,"冬至"被视为大节,犹如年节,也就是常言说的"数九冬至大似年",并衍生出一些习俗、俚语。一些地方还把"冬至"作为一个节日来过。北方地区有"冬至"宰羊,吃饺子、吃馄饨的习俗;南方地区在这一天则有吃冬至米团、冬至长线面的习惯。更有一些地方,冬至这一天,还有祭天祭祖的习俗。如古时在宁波一地,冬至日的习俗就有许多。旧时各家以芦穄粉搓圆子,叫芦穄汤果。后渐改为糯米粉圆子,加番薯粒,叫番薯汤果。先供灶神,再全家吃。俗称"冬至小年夜"、"冬至大如年,皇帝佬倌要谢年"。这天长辈嘱咐小孩不可啼哭,大人也不打骂小孩,不可摔坏东西,否则视为不吉利。大族开祠堂门,具牲礼神祭祖,按丁分麻饼(吉饼)或分碗,但女性不计在内。大户人家在家祭祖,做"冬至羹饭"。祭祀陈设禁用红色,烛用绿色,馒头盖蓝色戳子,谓可"压火"保安。冬至前夕,称"冬至夜",出嫁女儿须回夫家。俗谚"嬉嬉夏至日,睡睡冬至夜",因"冬至"夜最长,"夏至"夜最短。是夕,睡前须洗脚,说是夕洗脚,冷天不开裂。这夜要比平常睡得早,以祈好梦,谓"冬至前夜梦最灵"。"冬至"晨要相互传梦,长者为小辈"圆梦",亦有赶至慈溪清道观(今慈城,道观毁于"文化大革命")求梦者。"冬至"正时辰,要抛掷萝卜至屋瓦上,经雨淋日晒成干后,收集挂壁上,俗称"冬至萝卜",传可治痢疾。不过,令人遗憾的是,今日这些习俗已不多见了。

重视"冬至"节气,是因它与人们的生活、生产有着极为密切的关系。"冬至"前,虽然北半球日照时间最短,接收的太阳辐射最少,但地面积蓄的热量尚未散尽,故这时温度还不是最低的时候。"吃了冬至饭,一天长一线","冬至"以后,虽日照逐渐增多,但地表热量收支,仍然是入不敷出,所以,气温在一段时间内,仍继续下降。

现代气象观测表明,我国大部分地区最冷的时期,都是在1月份。故民间有"不过冬至不冷"之说。我国江淮之间到大巴山以北的这一广大地区,日平均气温已降到0℃以下,进入一年之中的最冷季节。常言说的"数九寒天",也就是这个时期。

"大雪过后冬至到,兴修水利抓肥源",意思是"冬至"后,应集中力量,趁农闲大搞农田水利基本建设,并积肥造肥,为来年春种作好准备。同时,要及时消灭过冬虫卵。在华南地区,要施好菜、麦腊肥,防止冻害;还要谨防油菜发生早薹。

农谚说"九天的料,伏天的力"。冬天,夜长、温度低,要饲喂好牛马等大牲畜,应加喂一次夜料,以增强耕畜的抗寒能力,并要让牲畜常晒晒太阳等。

24. 出门见冰"小寒"到

每年1月5日或6日,太阳到达黄经285度时,交"小寒"节气,"小寒"与"大寒"、"小暑"、"大暑"及"处暑"一样,都是表示气温冷暖变化的节气。《月令七十二候集解》:"十二月节,月初寒尚小,故云。月半则大矣。"

是的,"小寒"节一到,大地原来积蓄的热量已耗散到最低值,我国大部分地区进入出门冰上走的"三九"严寒天。这时,北京的日平均气温一般在 $-5℃$ 上下,极端最低气温也低于 $-1℃$。东北北部地区日平均气温已在 $-30℃$ 左右,午后最高气温平均也不过 $-20℃$。黑龙江、内蒙古和新疆北纬45度以北的地区以及藏北高原,日平均气温在 $-20℃$ 上下。而秦岭、淮河一线日平均气温则在 $0℃$ 左右。此线以南,已经没有季节性的冻土,冬作物也没有明显的越冬期,田野里菜苗、麦苗及常绿树木是绿色的,仍充满生机。祖国的冬季气候,南北差异如此之大,每每观之,无不被大自然这美妙神奇的力量所折服。

"小寒"是腊月的节气,古人称农历十二月为腊月。腊的本义是"接"的意思。古人取新旧交接之义。腊,也指一种祭祀活动。在此月,古人善始善终的思想得以展示。进入腊月要进行重要的"腊祭"活动。如《礼记·月令》中"祭礼"条云:"季冬十二月(指腊月),天子要命典礼官吏举行大傩祭礼"。"腊祭"其义有三,一是表示不忘记自己及其家族的本源,并表达对祖先的崇敬与怀念。二是祭百神,酬报他们一年之中为农业所做出的种种功劳。三是人们终岁辛劳,此时农事已息,借此游乐。因而,自周代以后,"腊祭"之俗历代有之,各阶层人等,从天子、诸侯到平民百姓,都要行此俗。"腊祭"多在宗庙、家庙中进行,也有的在郊外进行,祭祀对农业起着重要作用的神灵。直至今日,一些乡村仍在沿袭着这种习俗。

不过,话又说回来,寒又如何?暑又如何?年年岁岁,暑去寒来,这正是大自然的美妙所在,是一种无法抗拒与扭转的自然规律。"小寒"的来临,也意味着万物开始活动起来。俗语云"小寒"有三候,一候大雁开始调头,朝北方而去;二候喜鹊开始筑巢;三候野鸡开始叫了。表明"小寒"始则阳气发。虽说阳气上升,但寒冷仍是不得不防啊。俗话说"寒从足下生",所以,自"小寒"起,要想有个健康的身体,就要先保护好我们的脚,千万不能让它受凉了。

就农事来说,"小寒"时节,南方地区要注意给小麦、油菜等作物追施冬肥;在海南和华南大部分地区,主要是做好防寒防冻、积肥造肥和兴修水利等工作。在冬前浇好防冻水、施足冬肥、培土壅根的基础上,寒冬季节要采用人工覆盖法,也是防御农林作物冻害的重要措施。当强寒潮到来之前,泼浇稀粪水,撒施草木灰,可有效减轻低温对油菜的危害。对于露地栽培的蔬菜,可用作物秸秆、稻草等稀疏地撒在菜畦上,作为冬季长期覆盖物,这样既不影响光照,又可减小菜株间的风速,阻挡地面热量散失,能起到较好的保温防冻效果。遇到强低温来临,可再适当加厚覆盖物作临时性覆盖。在这期间,温棚蔬菜要尽量多照阳光,即使有雨雪低温天气,棚外草帘等覆盖物也不可连续多日不揭,以免影响植株正常的光合作用,造成营养缺乏。高山茶园,特别是西北方向易受寒风侵袭的茶园,要以稻草、杂草或塑料薄膜覆盖篷面,以防止风抽而引起枯梢和沙尘对叶片的直接危害。雪后,应及早摇落果树枝条上的积雪,避免大风造成枝干断裂,影响来年春发。

25. 天寒地冻"大寒"临

每年的1月20日前后,太阳到达黄经300度时交"大寒"节气,"大寒"为二十四节气中的最后一个节气。《月令七十二候集解》云:"十二月中,冷气积久而为寒,大者,乃凛冽之极也。"意思是说,"大寒"是一年中最冷的时候。

"大寒"与"小寒"一样,都是反映寒冷程度的节气。时令进入"大寒"以后,为我国一年之中最寒冷的季节。俗话说:"小寒大寒,冷成冰团"。已有的气象记录显示,"大寒"前后,内蒙古北部海拉尔的极端最低气温是－43.3℃,北京为－22.8℃,武汉为－13℃,上海为－12℃,广州也曾出现 0℃的低温……由此可见寒冷之极。

"大寒"期间,也正是俗谚"三九、四九冰上走"的这段时间。之所以冷在"三九、四九",是因北半球在"三九"前后,地面所吸收的太阳热量不仅最少,且散失得多,如此一来,此时节天气最冷也就不足为怪了。

天气寒冷,加强锻炼自然很有必要。从保健养生来看,在饮食上,应多摄入富含碳水化合物和脂肪的食物,如牛肉、羊肉、鸡肉等。此外,还要考虑预防呼吸道传染性疾病的侵害,宜适当多吃一些温热散风寒的食物,以御风寒邪气的侵扰。

不过,事物总是在不断转换之中。天气冷到极点,就要开始转暖了,所谓物极必反嘛!"大寒"过后,下一个节气就是"立春",一个新的春天就要开始了。庆祝春天开始的时候,是盛大的节日,于是乎,春节便成了传统节日中分量最重的一个。

春节前还有一个类似"前奏"的节日,那就是"祭灶节"。俗信云:腊月二十三日晚上送灶,灶君菩萨每年上天约一星期,廿三夜上去,大年夜回来。这菩萨据说是天神派下来监视人家的,每家一个。大约就像政府委任官吏一般,不过人数(神数)更多。他们高踞在人家的灶山上,嗅取饭菜的香气。每逢初一、月半,必须点起香烛来拜他。"腊月二十三,家家祭灶官。"旧时民间,这个节日里,家家户户都要摆上胶牙糖,在灶门上抹酒糟,让灶君醉得晕晕乎乎,还被粘住了牙,上天后就不能说人间的坏话了。即使这样,有的还不放心,在送灶君上天的时候,还要祷告,嘴里不停的絮叨着"好的多说,不好的少说"。丰子恺先生在其《过年》一文中,曾详细记载了浙江崇德之地祭灶君的习俗,这里摘录如下,以飨读者。

"廿三这一天,家家烧赤豆糯米饭,先盛一大碗供在灶君面前,然后全家来吃。吃过之后,黄昏时分,父亲穿了大礼服来灶前膜拜,跟着,我们大家跪拜。拜过之后,将灶君的神像从灶山上请下来,放进一顶灶轿里。这灶轿是白天从市上买来的,用红绿纸张糊成,两旁贴着一副对联,上写'上天奏善事,下界保平安'。我们拿些冬青柏子,插在灶轿两旁,再拿一串纸做的金元宝挂在轿上;又拿一点糖塌饼来,粘在灶君菩萨的嘴上。这样一来,他上去见了天神,粘嘴粘舌的,说话不清楚,免得把人家的恶事全盘说出。于是父亲恭恭敬敬地捧了灶轿,捧到大门外去烧化。烧化时必须抢出一只纸元宝,拿进来藏在橱里,预祝明年有真金元宝进门之意。送灶君上天之后,陈妈妈就烧菜给父亲下酒,说这酒菜味道一定很好,因为没有灶君先吸取其香气。父亲也笑着称赞酒菜好吃。"

其实,灶君哪里吃得了糖果,倒是解了孩子们的馋虫。以往种种神圣的事情,如今都成了笑谈和研究人类思想的材料。只有吃胶牙糖,倒成了风俗流传下来,年年此时,都是如此:"二十三啃糖盘,再七天就到年","大寒小寒、杀猪过年"……"大寒"已过,空气里已弥漫着浓浓的年香了。

26. 农历与阴历

如今的日历本、月历牌上,都标有农历甚至辅以节气;中央电视台新闻联播开篇词中,也说"今天是公历×月×日、农历×月×日";在乡村,若询问何日乡镇逢集或赶场,乡民们多会回说在阴历几几……但,公历、农历、阴历究竟是什么历法呢?

农历,是我国在民国以前使用的主导历法。据成书最早的《尚书·尧典》记载,四千年前的帝尧时代,就已经使用了农历。农历,又称"夏历"。后来,还传入日本、朝鲜、越南等周边国家。我们祖先始创的农历,可谓历史悠久,影响深远。

但从民国开始,为"与世界接轨",确立用世界通用的公历纪年纪日。这种历法属于阳历即太阳历。于是,在民间,将行用数千年的农历,误称为"阴历"。由于口耳相传,在人们口头上,甚至在一些年长的文化人所写的文章里,稍有疏忽,便会有"阴历"出现。其实,阳历与阴历,是完全不同的历法。据《中国大百科全书·天文学》卷,世界上的历法,分为三大类,即阳历(又称太阳历)、阴历(又称太阴历)和阴阳合历(即农历)。

阳历,是以地球平均绕太阳一周的时间为一年,也称一回归年。年的月数和月的日数均可人为规定,它和月相盈亏无关,"十五的月儿圆",说的就不是阳历的某月"十五"。但它能反映一地的寒暑冷暖气候变化,如在北半球的七、八月是夏季。当然了,阳历也非一些乡民所言的,像洋火、洋钉等一类的"洋"。阳历有一不足,即不能和月亮圆缺相关联。这对人们欣赏美丽的月亮极为不便。

阴历的特征是:历月以月球绕地球一周的平均时间而定。这个时间是固定的——大致等于朔望月。但一年的月数可以人为规定。年的长短只是历月的整数倍,和回归年无关;月份与四季寒暑也无关。因为月亮和地球位置的变化,不是决定地球气候的主导因素。但以月相盈亏来历月,揭示了什么时间适于走夜路,如月朔即为初一无月,望日是"十五",为月圆之夜;同时还可告诉了潮汐涨落,利于渔民出海渔猎。因为潮汐的变化,是月球和太阳对地球海水的引力造成的。早潮叫潮,晚潮叫汐,潮汐的变化和月相关系密切。由于特殊地形所形成的钱江潮,被誉为天下奇观。阴历不和太阳有关,则不能反映一地寒暑四季变化,这对以农为本、以农耕为主的古人显然有缺陷。

迄今在我国已沿用数千年的农历,则是阴阳合历,它调和了阳历、阴历之间的不足。它的特征是:既重视月相盈亏变化,又照顾寒暑节气,年、月长度依据天象而定,历月的平均值,大致等于朔望月,历年的平均值大致等于回归年。大月30日,小月29日,每月以月相为起讫,平年12个月,全年354或355日,与回归年比平均少约10日21时,故需每3年置一闰月,5年再闰,19年7闰;闰年13个月,384日或385日。这对指导农人农事活动至关重要。以农为本的古人,对农业的重视程度,由此可见一斑。

据殷墟卜辞及两周铭文,闰月设置于岁末,称为"十三月"。由于平年与闰年相差最多时达一个月。在战国末年,古人为了更好地及时指导农时农事。于是,在四时(季)八节的基础上,按照太阳在天球黄经的位置,将一回归年等分为二十四节气,用节气来更准确地反映寒暑变化,掌握农时。

到了公元前104年,汉武帝太初元年,推行司马迁等人编制的《太初历》,它以正月为一岁之首,正式编入二十四节气,并且将闰月置于没有"中气"(如冬至,大寒……)的月份称为闰某月。于是,农历的历月更近似地反映太阳在黄经上的位置,能更准确地反映寒暑四季变化,并沿用至今。所以,称农历为"夏历"、"旧历",若称为"阴历",显然不妥。

太阳、月亮,是对地球发生经常影响的两大天体,农历对它都有正确的反映。比如月球引力所引发的潮汐,对渔业、航运、水利等有直接影响,我们的先人能据农历而予为计谋,是优于阳历的一个侧面。现今,有人认为"农历不科学",恐是对农历不了解或好"洋"者爱屋及乌吧。

27. 节气的歌与联

据传,古人创造二十四节气的灵感,来源于"立竿见影"。试想,在很古老很古老的时候,先人能用"立竿见影"了解时间,就已经十分不简单了,而进一步发散思维从"立竿见影"创造了二十四节气,那简直是伟大中的伟大。

据考证,早在2700多年前的周朝、春秋时代,就已知用土圭来测量太阳对晷针所投影子的长短,正确确定了春分、秋分、夏至、冬至日。至汉朝已有完整的二十四节气的记载,其顺序和现在完全一样,并确定15日为一节,以北斗星来定节气。

在古代,把二十四节气分为十二节气和十二中气(见《二十四节气的由来》一节),先人们正是依靠二十四节气安排和指导农业生产,来解决吃饭和穿衣问题,中华民族方得以繁衍生息,兴旺发达。为便于记忆传播二十四节气,聪明的古人还总结出一首通俗易懂便于传播的二十四节气歌谣呢(见《二十四节气的由来》一节),可谓科普精品。

农人们一直是用节气来指导农事活动的,千百年来,还总结出了许许多多押韵合辙,读来朗朗上口,又有地方特色的节气歌谣,这些歌谣至今仍闪烁着科学的光芒。如在蜀地,就流传着一首《节气百子歌》,每句以"子"结尾,形象生动描述了各节气所要从事的农事活动,说个子来道个子,正月过年耍狮子。
二月惊蛰抱蚕子,三月清明坟飘子。
四月立夏插秧子,五月端阳吃粽子。
六月天热买扇子,七月立秋烧袱子。
八月过节麻饼子,九月重阳捞糟子。
十月天寒穿袄子,冬月数九烘笼子。
腊月年关四处去躲帐主子。

清末同治、光绪年间,苏州著名弹词艺人马如飞,还用节气和戏剧名称编写一首《节气歌弹词》进行演唱,深受广大听众欢迎。其词云:

西园梅放立春先,云镇霄光雨水连。
惊蛰初交河跃鲤,春分蝴蝶梦花间。
清明时放风筝误,谷雨西厢好养蚕。
牡丹亭立夏花零落,小簪小满布庭前。
隔溪芒种渔家乐,义侠同耘夏至田。
小暑白罗衫着体,望江亭大暑对风眠。
立秋向日葵花放,处暑西楼听晚蝉。
翡翠园中零白露,秋分折桂月华天。
烂柯山寒露惊鸿雁,霜降芦花红蓼滩。
立冬畅饮麒麟阁,绣襦小雪咏诗篇。
幽闺大雪红炉暖,冬至琵琶懒去弹。
小寒高卧邯郸梦,一捧雪飘空交大寒。

这首弹词可谓匠心独运,不仅文辞典雅,巧嵌节气、戏名,而且与当时物候丝丝入扣,浑然一体,闻者无不击节叹赏。

对联,亦是我国独有的,用隽永书法写出吉祥语句的一种文学艺术形式。而节气入联,堪称珠联璧合。如联云:"二月春分八月秋分昼夜不长不短,二年一闰五年再闰阴阳无差无错。"这副节气对联的上联指明了春分与秋分两个节气所在的月份,并指出春分、秋分这一日昼夜均分;下联则道出了农历闰年的规律与靠置闰来调和阴阳历的差别。

"霜降如小雪,春分不大寒"之联则更为奇妙。此联虽仅有10个字,却包容了四个节气——霜降、小雪、春分、大寒。上联的两个节气用"如"字连接,即变成联中景;下联的"不"字用的可谓传神,与大寒相连,把春分时节乍暖乍寒的气候特点准确而生动地展现出来。

相传明代有一位学台,在浙江天台山游览时,夜宿山中茅屋。次日晨起,只见茅屋一片白霜,便随口吟出上联:"昨夜大寒,霜降茅屋如小雪。"联中用了三个节气——大寒、霜降、小雪,一气呵成。然而,遗憾的是,这位学台竟对不出下联,一时成为绝对。直到近代,才由浙江赵恭沛先生对出下联:"早春惊蛰,春分时雨到清明。"下联也嵌入三个节气——惊蛰、春分、清明,可谓流畅自然,并把当地当时的气候变化情况准确形象地描绘了出来。

二十四节气文化真可谓内涵丰富、外延宽泛,它包含了先人的聪明与智慧,是中华民族传统文化的重要内容之一。

28. 伏的早晚与长短

伏,是二十四节气以外的杂节气,为我国先民所独创。据《史记正义》释义:"伏者,隐伏避盛暑也。"《汉书·郊祀志注》也云:"伏者,谓阴气将起,迫于阳而未得升,故为藏伏。因名伏日。"可知是借指盛暑季节。伏又分"头伏(初伏)"、"中伏"、"末伏"。但从历书上发现,每年伏天有长有短,长则40天、短则30日。相应的入伏日有早有迟,早可提前到7月中上旬,迟则推迟在7月中下旬。这是怎么回事呢?

这要从咱们老祖宗所创立的"干支纪法"说起。

在将时间细分为"年月日、时分秒"这种西方纪法传入我国之前,先民是用"天干"和"地支"搭配起来记录年、月、日和时辰的。在古书中,今日尚可见到诸如"子时起床,丑时点卯",这种表示时间概念的句子,其子时、卯时,就是一天的某个时辰。天干共10个,即甲、乙、丙、丁、戊、己、庚、辛、壬、癸;地支12个,即子、丑、寅、卯、辰、巳、午、未、申、酉、戌、亥。把两者按顺序一一搭配起来循环使用,能不重复搭配60对,例如甲子、乙丑、丙寅等,最后一对是癸亥。然后,再从头来过,循环使用。这60对,就是人们常说的"六十花甲子"。

干支记日,是把每一天用干支标注,例如2006年6月20日(农历五月二十五)是"庚辰"日、21日是"辛巳"日等。如此一来,那含有天干"庚"字的日子,则被称为"庚日",例如庚子日、庚寅日等。由于天干共10个,每隔10天就有会有一个庚日。

按我国传统历法之推算规定:每年"夏至"(6月21或22日)后的第三个"庚"日为"初伏"始(即"夏至三庚数头伏"),第四个"庚"日为"中伏"始,"立秋"后的第一个"庚"日起的10天为"末伏"(所谓"秋后一伏")。这个安排方法是在历史上形成的,科学性并不强。因为,它每年的开始与结束有早有迟,伏期也就有长有短。如果"夏至"当天就是庚日,那么,这年入伏的时间就早,例如2000年和2002年就是这种情况,在7月11日就入伏了。如果赶上"夏至"的前一天是庚日,"夏至"后的第一个庚日离"夏至"最远,那么,这年入伏的时间就晚,例如2004年和2006年就是这种情况。夏至后的第一个庚日(庚寅)在6月30日;第三个庚日(庚戌)在7月20日。按口诀可知,这两年都是7月20日这天开始入伏。

同时，庚日每10天出现一次，而一年为365天或366天，不是10的整倍数，所以，每年庚日出现的日期就不相同。从"夏至"到"立秋"这47天内，可能有4个庚日，也可能有5个庚日。如果有4个庚日，中伏就是10天；如果有5个庚日，则中伏从"夏至"后的第四个庚日起，经第五个庚日，到"立秋"后的第一个庚日，便为20天了。比如2006年"立秋"后的第一个庚日——"庚午"是8月9日，为"末伏"之始，其"中伏"到"末伏"也就只有10天，整个伏日则是30天。

就2007年来说，6月22日"夏至"，按天干纪日为"丁亥"日，至6月25日——农历五月十一，是"夏至"后的第一个庚日——庚寅。按上面的口诀，第三个庚日则是7月15日，即庚戌日，那2007年的入伏日，就是此日。自然再过10日的7月25日庚戌日就是"中伏"第一天。但"立秋"后的第一个庚日，在8月14日，即庚辰日，则2007年"末伏"开始日在8月14日。这样，2007年伏天就是40天，要比2006年多10天。

至于入伏，为何要从"夏至"后第三个"庚"日开始？上面已说过，伏是隐伏避暑之意，并考虑了的节气因素。要躲避暑热，就要避开最热时节。所以，聪敏的古人通过观察发现，过了"夏至"，虽白昼渐短、黑夜渐长，但一日之中，白昼还是比黑夜长，每日地面吸收的热量仍比散失耗损得多，仍有热量的积累，地表面的热量仍在不断地加热着近地表的空气，到了7月下旬至8月上旬，地面热量储存达极大值。因而，此时天气最热。如此时段全国最热的长沙和杭州市，日平均气温多在30℃以上。这样，所确定的三伏时间正好与多年气候实际情况相吻合，就很便于古人避暑消夏了。不过，这里也仅是多年的平均情况。其实，历史上绝没有天气完全相同的两年。每年都有各自的特点,不一定会热在"中伏",提前或推后热的现象也是常有的。这要由当年的大气运动形势来决定。

因此,说伏短就高温天少,伏长就热天多,并没有多少说得过去的可信度。

29. 夏九九

"夏九九"是相对于人们常说的"冬九九"而言的。"冬、夏九九"与"三伏",都是二十四节气以外的杂节气,是我国先民们独创的一种记载节令的方法。

"夏九九",是从"夏至"日开始数至81天,共分九个段落,按序称为"一九(头九)、二九……九九",表示夏季酷热天气从较热到极热又逐渐转凉的演变过程。

时至今日,在民间还流传着一些大同小异的"夏九九"歌诀呢。如北方黄河流域流传的"夏九九"歌诀云:

一九二九,扇子不出手。

三九二十七,冰水甜如蜜。

四九三十六,衣衫汗湿透。

五九四十五,树头秋叶舞。

六九五十四,乘凉勿入寺。

七九六十三,床头寻被单。

八九七十二,思量添夹被。

九九八十一,家家寻棉衣。

20世纪80年代初,湖北省河口市拆除禹王庙时,在正厅的榆木大梁上,还发现一首用松墨草书的"夏九九"歌呢,其歌云:

夏至入头九,羽扇握在手。
二九一十八,脱冠着罗纱。
三九二十七,出门汗欲滴。
四九三十六,卷席露天宿。
五九四十五,炎秋似老虎。
六九五十四,乘凉进庙祠。
七九六十三,床头摸被单。
八九七十二,子夜寻棉被。
九九八十一,开柜拿棉衣。

这显然描述的是南方的物候与气候特征。可见,知道节时在几九,也就晓得当时的炎热程度。这在缺少观测记录气象要素的仪器,更没有天气预报服务的古时,是很有用处的。不仅可以用于预防暑热,又能指导农事活动。

30. 冬九九

"数九",是我国民间从宋朝开始流传的习俗。它从"冬至"日开始,每九天一个时段,共分九个段落,按次序逐个定名为:"一九(头九)、二九……九九",共计 81 天,表示整个冬季寒冷天气由较冷("头九")到最冷("三九、四九")再逐渐转暖("九九")的过程。是二十四节气之外的杂节气。

说到"数九",许多人会顺口背出各地民间流行的"九九"歌诀来。如流行于黄河流域的"冬九九"歌为:

一九二九不出手,
三九四九冰上走,
五九六九沿河看柳,
七九河开,八九雁来,
九九加一九,耕牛遍地走。

相传在清道光年间,山东潍县(今为潍坊市)翰林王之翰曾作过九首数九消寒绝句,分别描绘每"九"中的自然景色,兼寓颂辞和劝喻,文辞优美而语言通俗,颇耐赏析,值得一读。现转录于此。

《一九》:一九冬至一阳生,万物自始见勾萌,莫道隆冬无好景,山川草木玉妆成。

此诗告诉人们,"冬至"一过,初雪降临,山川草木变成银装素裹,玉树琼枝,到处可见一派冬景的美丽,不更有情趣吗?

《二九》:二九七日是小寒,田间休息掩柴关,家室共享盈宁福,预计来年春不闲。

"二九"的第七日是"小寒"节,此为一年中严寒的开始,劳作一年的乡民们,可以掩门休息在家,一家人共享快乐,一切农事都来年再说。

《三九》:三九严寒水结冰,罢钓归来蓑笠翁,虽无双鲤换新酒,且喜床头樽不空。

这里说的是"三九"进入一年中最寒冷的季节,河已封冻,闲来无事欲垂钓仨俩鱼儿,换几杯新酒也得,但这又何妨,自己酒杯并未因寒冷而空着。

《四九》:四九雪铺满地平,朔风凛冽起新晴,朱绨公子休嫌冷,山有樵夫赤足行。

此诗反应了作者对"朱门酒肉香,路有冻死骨"的感慨,具有鲜明的阶级情感,尽管下了大雪,满地铺平,朔风凛冽,公子嫌冷,但贫穷的樵夫,仍赤脚上山砍柴呢!

《五九》:五九元旦一岁周,茗香醇酒答神麻,太平天子朝元日,万国衣冠拜冕旒。

这里说的是进入佳节,要备丰厚的享奉敬祀神灵,天子还要着华衣、颂天事,以表达新年的喜庆。

《六九》：六九上苑佳景多，满城灯火映星河，寻常巷陌皆马车，到处笙歌表太和。

"六九"正当"上元"佳节，所以举国上下，都有灯市佳景，这是太平盛世的喜庆景象。

《七九》：七九之数六十三，堤边杨柳欲含烟，红梅几点传春讯，不待东风二月天。

时至"七九"，已有了春的消息，杨柳和红梅率先含苞吐绿，比阴历二月始花的杏树等辈，可说是先行了一步。

《八九》：八九风和日日迟，名花先发向阳枝，即今河畔冰开日，又是渔翁垂钓时。

"八九"时节，已是"雨水"之后，"惊蛰"之前，春风乍暖，河冰渐消，向阳处的新花，也次第开放了。渔人自然要重理旧业，垂钓捕鱼。表明从此时起一切农事活动也渐忙起来了。

《九九》：九九鸟啼上苑东，青青春色含烟萌，老农教子耕宜早，二月中天起卧龙。

"九九"已是农历三月，林中鸟啼，陌上草薰。谚语云："二月二，龙抬头"。趁着这春雨将至的大好时节，老农们督促后辈，不误农时，争取一年的好收成。

随着时代的飞速发展和科学技术尤其是气象学的不断进步，这组词有些内容和实际情况已有所差异，但它所概括的节气特点，既形象生动，又恰如其分，熟读此诗，对冬季气候、景象与农事活动仍有一定借鉴作用。

附录:古农书上的一些常见词语解释

候:古代5天为一候,现在气象学上仍沿用。

四时八节:四时,指春夏秋冬四季;八节,指立春、春分、立夏、夏至、立秋、秋分、立冬、冬至八个节气。

黄道、黄经:地球绕太阳运转一周约365天5小时多,运转94000万公里。这个公转轨道人们称为太阳黄道。把黄道分为360个刻度,即一周圈为360度,每一刻度又称黄经1度。

孟、仲、季:在古语中,孟、仲、季分别代指第一、第二、第三的意思;用在月份上,则把一年十二个月依次称为:孟春、仲春、季春,孟夏、仲夏、季夏,孟秋、仲秋、季秋,孟冬、仲冬、季冬。

朔:农历每月初一叫朔,是月球运行到太阳和地球之间,跟太阳同时出没,地球上看不到月光,这一天又称朔日,这种月相叫朔、朔月或新月。另外,新月也指月初形状如钩的月亮。

望:农历每月十五日(有时是十六日或十七日)。是日,地球运行到月亮和太阳之间。这天太阳从西方落下去的时候,月亮正好从东方升上来,地球上看见圆形的月亮,这种月相叫望,这一日叫望日。望日的月亮叫望月,也叫满月。望日的第二天,叫既望。

晦:指农历每月的最后一天。

晦朔:从某月末的一天到下月的第一天,也指从天黑到天明。

上巳节:古时以农历三月第一个巳日为"上巳",汉代定为节日。"是月上巳,官民皆絜(洁)于东流水上,曰洗濯祓除,去宿垢疢（病），为大絜"（《后汉书·礼仪志上》）。后又增加了临水宴宾、踏青的内容。魏晋以后，上巳节改为农历三月初三，后代沿袭，遂成汉族水边饮宴、郊外游春的节日。

七夕节：指农历七月初七的夜晚，也称为"乞巧节"、"七桥节"或"女儿节"，为中国传统节日中最具浪漫色彩的一个节日，也是姑娘们最为重视的日子。

上元节：为农历正月十五，又称"元宵节"。这一天人们吃"药饭"或"五谷饭"，早晨还喝"聪耳酒"。据说喝"聪耳酒"可使人耳聪目明，因此男女老少都要喝一杯，喝不了一杯也要喝一些。"药饭"以江米、蜂蜜为基本材料，掺大枣、栗子、松子等煮成。

中元节：每年农历的七月十五日，也称"盂兰盆节"，有些地方俗称"鬼节"、"施孤"，又称"亡人节"、"七月半"。

花朝节：简称"花朝"，俗称"花神节"、"百花生日"、"花神生日"。节期因地而异，中原和西南地区定在农历二月初二；江南和东北地区定在二月十五。此外，还有一些地区以二月十二或十八为花朝节。这种现象，与各地花信的早迟有关。

花信风：人们把花开时吹来的风叫做"花信风"，意即带来开花音讯的风候。二十四番花信风又称"二十四风"，因为是应花期而来的信风，所以又称"花信"。

物候：自然界的花草树木、飞禽走兽，都是按照一定的季节时令活动的，其活动与气候变化息息相关，如俗话说："花木管时令，鸟鸣报农时"。因此，它们的各种活动便成了季节的标志，如植物的萌芽、发叶、开花、结果、叶黄和叶落，动物的蛰眠、复苏、始鸣、繁育、迁徙等，都是受气候变化制约的，人们把大自然的这些节律现象叫做物候。

春社：春季祭祀土地神的日子。古无定日，先秦、汉、魏、晋各代择日不同。自宋代起,以立春后第五个戊日为社日。此后又有官社、民社之分。民社定在二月初二,俗称"土地公公生日";官社日期不变,其祭祀为国家祀典,在社稷坛举行。古代春社日,官府及民间皆祭社神祈求丰年,里中有饮酒、分肉、赛会、妇女停针线之俗。

秋社:秋季祭祀土地神的日子。始于汉代,后世在立秋后第五个戊日。此时收获已毕,官府与民间皆于此日祭祀神灵报谢祖先。宋时有食糕、饮酒、妇女归宁之俗。后世,秋社渐微,其内容多与中元节(七月半)合并。

社酒:社祭用的酒,相传饮社酒可以治疗耳聋,所以大家都不醉不归。

五行:五行,即金、木、水、火、土。五行是构成宇宙之最基本元素,也代表宇宙万物五种变化和性格,四季的演变,日月的运行,亦以五行为数。

天干地支:在中国古代的历法中,甲、乙、丙、丁、戊、己、庚、辛、壬、癸被称为"十天干",子、丑、寅、卯、辰、巳、午、未、申、酉、戌、亥叫做"十二地支"。两者按固定的顺序互相配合,组成了干支纪法。从殷墟出土的甲骨文来看,天干地支在我国古代主要用于纪日,此外还曾用来纪月、纪年、纪时等。